thinkoya

Dem Andenken an Hanfried Blume gewidmet.

Der Verlag dankt Rebekka Blume, Frida Knapp, Monika Bilstein, Reinhard Kapfer und Wolfgang Petermann für die freundliche Unterstützung.

Should Trees Have Standing? Law, Morality, and the Environment.
By Christopher D. Stone (2010) pp. 1–31.
By permission of Oxford University Press, USA.

Christopher D. Stone – Haben Bäume Rechte?
Plädoyer für die Eigenrechte der Natur
Akt 112

thinkOya ist ein Imprint der Drachen Verlag GmbH, Klein Jasedow

Umschlagillustration: Marlena Sang
Layout, Satz und Herstellung: www.humantouch.de
Druck und Bindung: Finidr, s.r.o., Český Těšin
Printed in Czech Republic

ISBN 978-3927369-81-8

www.think-oya.de

Haben Bäume Rechte?

Plädoyer für die Eigenrechte der Natur

Christopher D. Stone

Übersetzung aus dem Englischen
von Hanfried Blume

thinkoya

Inhalt

I Das Undenkbare

In seinem Buch »Die Abstammung des Menschen« macht Darwin die Beobachtung, die Entwicklungsgeschichte der menschlichen Ethik stelle sich als ständige Ausdehnung im Bereich der Gegenstände menschlicher »sozialer Instinkte und Sympathien« dar. Ursprünglich habe sich jeder Mensch nur auf sich selbst und einen sehr kleinen Kreis in seiner näheren Umgebung bezogen; später sei er dann mehr und mehr dahin gelangt, »nicht nur das (materielle) Wohl, sondern auch das Glück seiner Mitmenschen« mitzuberücksichtigen. Seine Sympathien wurden dadurch »verfeinert und erweitert« und erstreckten sich »schließlich auf die Angehörigen aller Rassen, ja selbst auf die nutzlosen Glieder der Menschheit, die Idioten und Krüppel, und endlich auch auf die Tiere.«[1]

Die Rechtsgeschichte scheint eine gleichartige Entwicklung genommen zu haben. Vielleicht hat es nie den reinen Zustand der Natur im Sinn Hobbes' gegeben, in dem keinerlei ›Rechte‹

existierten außer in jenem kruden Verständnis eines ›Rechts auf Selbstverteidigung‹ für jedermann. Aber es ist nicht unwahrscheinlich, dass, soweit es erste Familien – einschließlich erweiterter Verwandtschaftsgruppen und Clans – betraf, jeder außerhalb der Familie verdächtig, fremd und rechtlos war.[2] Aber gerade auch innerhalb der Familie hatten Personen, die wir heutzutage als selbstverständliche Inhaber von Rechten ansehen, deren keine.

Nehmen wir zum Beispiel die Kinder. Über den frühen Rechtsstatus der Kinder wissen wir einiges aus der weitverbreiteten Praxis der Kindstötung – speziell bei missgebildeten und Kindern weiblichen Geschlechts.[3] (Senizid[4] – die Tötung der Alten –, wie er bei den nordamerikanischen Indianern vorkam, stellt die damit korrespondierende Rechtlosigkeit der alten Menschen dar.[5]) Maine teilt uns mit, dass noch zu Zeiten der *patria potestas* Roms der Vater das *ius vitae necisque* über seine Kinder, das heißt die Macht über deren Leben und Tod, hatte. Maine schreibt hierzu, der Vater habe die Macht »unkontrollierter körperlicher Züchtigung« gehabt. »Er konnte deren persönliches Befinden nach Gutdünken verändern; er konnte seinem Sohn eine Frau geben; er konnte seine Tochter zur Verheiratung weggeben; er konnte die Scheidung seiner Kinder beiderlei Geschlechts durchführen; er konnte sie einer anderen Familie zur Adoption überlassen; und er konnte sie verkaufen.« Das Kind war weniger als eine Person: Es war ein Objekt, ein Ding.[6]

Seither sind die gesetzlichen Rechte von Kindern im Grundsatz lange anerkannt und in der Praxis wurden sie noch erweitert. Als Beispiel, insbesondere aus der jüngsten Zeit, mag die Entscheidung des Obersten Gerichtshofs der Vereinigten Staaten ›In re Gault‹[7] aus dem Jahr 1967 dienen, in der jugendlichen Angeklagten grundlegende Verfassungsgarantien gewährleistet wurden, sowie das Wahlrechtsgesetz (›Voting Rights Act‹) von 1970.[8]

Den Kindern haben wir eine eigene Rechtspersönlichkeit verliehen, die sie ja nach der Gesetzeslage nicht immer hatten. Das gleiche, wenn auch, wie manch einer meinen mag, unvollkommen, haben wir bezüglich der Strafgefangenen[9], der Ausländer, der Frauen – besonders, was verheiratete Frauen angeht –, der geistig Behinderten[10], der Schwarzen, der Ungeborenen[11] und der Indianer getan.

Es ist nicht allein Materie in ihrer menschlichen Erscheinungsform, die dahin gelangt ist, als Inhaberin von Rechten angesehen zu werden: Die Welt des Juristen ist bevölkert von unbeseelten Rechtssubjekten – Konzernen, Körperschaften beziehungsweise juristischen Personen (*corporations*), Joint-Ventures, Gemeinden, Gesellschaften im Sinn von Unterabschnitt R des US-Steuergesetzes[12] und Nationalstaaten, um nur einige wenige zu nennen.

Schiffe, auf die bei Gericht im Englischen noch immer im Femininum Bezug genommen wird, hatten lange Zeit ein unabhängiges Rechtsleben, mit häufig verblüffenden Konsequenzen.[13] An die sogenannte juristische Person mit ›ihren‹ eigenen Rechten – sie wird in derart vielen gesetzlichen und verfassungsrechtlichen Zusammenhängen als ›Rechtspersönlichkeit‹ und wie ein ›Bürger‹ behandelt – haben wir uns inzwischen schon so gewöhnt, dass wir darüber glatt vergessen, wie dissonant diese Rechtsauffassung früher für die Juristen geklungen hat. »Jene unsichtbare, nicht berührbare und künstliche Wesenheit, jenes bloß rechtlich Seiende«, schrieb Chief Justice Marshall über die juristische Person im Urteil ›Bank of America ./. Deveaux‹ (1809)[14] – konnte denn in ihrem Namen überhaupt eine Klage erhoben werden? Zehn Jahre später, im Dartmouth-College-Fall[15], weigerte er sich immer noch, das Wunder einer Wesenheit, »die nur in den Erwägungen des Rechts existiert«[16], anzuerkennen.

Aber schon lange, bevor sich Marshall über die Personalisierung der modernen juristischen Person Sorgen machte, hatten die hervorragendsten mittelalterlichen Scholaren jahrhundertelang über die Rechtsnatur jener großen öffentlichen korporativen Gebilde wie Kirche und Staat gestritten. – Wie konnten sie rechtlich existieren als Gebilde, die den lebenden Papst und den König transzendierten? Wie ein König sich selbst vertraglich binden konnte – nämlich auf der Grundlage seiner Ehre – war klar. Aber wenn der König starb: Was war es dann, das mit den Verpflichtungen aus dem Vertrag auferlegt oder von den Rechten aus dem Abkommen hergeleitet werden konnte – aus dem Abkommen, das seine berührbare, körperlich anfassbare Hand unterzeichnet hatte?

Das mittelalterliche Denken sah – was zu sehen wir die Fähigkeit eingebüßt haben[17] –, wie undenkbar dies war, und es arbeitete höchst entwickelte Konzepte und Denkfiguren aus, die der Universalen Kirche und dem Universalen Reich sozusagen als anthropomorpher Leib dienten.[18]

Es ist diese Qualität des Undenkbaren, bei der ich noch einen Augenblick verweilen möchte. Die gesamte Rechtsgeschichte hindurch war ja jede sukzessiv sich ergebende Ausdehnung von Rechten auf ein jeweilig neues ›Gebilde‹ ein wenig undenkbar. Wir sind geneigt, die Rechtlosigkeit rechtloser ›Dinge‹ als Gesetz der Natur vorauszusetzen und nicht als eine rechtliche Übereinkunft, die in Unterstützung eines irgendwie gearteten Status quo agiert. Insofern versäumen wir es, die tatsächlich vorhandenen Wahlmöglichkeiten in allen ihren moralischen, sozialen und ökonomischen Dimensionen in Erwägung zu ziehen. Und auf diese Weise konnte uns der Oberste Gerichtshof der Vereinigten Staaten in der ›Dred-Scott‹-Entscheidung geradeheraus verkünden, dass den Schwarzen die Bürgerrechte vorenthalten würden »als einer untergeordneten und niederen Klasse von Lebewesen, die von der dominierenden Rasse unterworfen worden sind«.[19]

Im 19. Jahrhundert führte das höchste Gericht Kaliforniens aus, Chinesen hätten kein Recht, in Strafverfahren gegen Weiße als Zeugen auszusagen, »weil sie eine Menschenrasse [...] [seien], »die die Natur als untergeordnet gekennzeichnet hat und die zu Fortschritt und intellektueller Entwicklung über einen bestimmten Punkt hinaus unfähig [...] [sei], zwischen die und uns die Natur einen unüberwindlichen Unterschied gestellt hat«.[20]

Die allgemein verbreitete Einstellung gegenüber den Juden führte im 13. Jahrhundert zu dem Gesetz, das sie »als Menschen *ferae naturae*« behandelte, »geschützt durch eine Art Forstgesetz. Wie das Reh und der Hirsch bilden sie eine gesonderte Ordnung«.[21] – Man erinnere sich auch daran, dass es nicht so lange her ist, als auch der Fötus noch in dieser Weise, »wie das Reh und der Hirsch«, angesehen wurde.

In einem frühen Rechtsstreit, in dem es darum ging, eine Totschlagsanklage wegen fahrlässiger Tötung eines Fötus zu begründen – dies ist eine inzwischen allgemein akzeptierte Praxis –, scheint es der dem damaligen Obersten Gerichtshof von Massachusetts angehörende Richter Holmes für schlichtweg unbegreiflich erachtet zu haben, »dass ein Mensch möglicherweise jemandem, der noch nicht am Leben ist, eine rechtliche Verpflichtung schulden beziehungsweise ihm gegenüber eine bedingte zukünftige Verpflichtung eingehen könnte«.[22]

Jener Frau in Wisconsin, die seinerzeit als erste annahm, sie sei womöglich berechtigt, einen juristischen Beruf auszuüben, wurde beschieden, dies sei nicht der Fall, und zwar mit folgender Begründung:

> Das Naturgesetz bestimmt und qualifiziert das weibliche Geschlecht dazu, die Kinder unserer Rasse auszutragen und zu nähren, sowie das Heim zu versorgen. [...] Alle lebenslangen Berufe von Frauen, die mit diesen grundlegenden und heiligen Pflichten ihres Geschlechts nicht übereinstimmen, wie der Beruf des Juristen, sind Abweichungen von der natürlichen Ordnung. Wenn dies willentlich geschieht, so liegt ein Verrat an dieser Ordnung vor. Die besonderen Eigenschaften des Frauseins, die sanfte Anmut und die eilfertige Gefühlstätigkeit, die leichte Beeinflussbarkeit, Reinheit, Zartheit, die emotionalen Impulse, die Unterordnung des scharfen Verstands unter das teilnehmende Empfinden, sind sicherlich nicht Qualifikationen für den gerichtlichen Streit. Die Natur hat die Frau ebensowenig für die rechtlichen Konflikte im Gerichtssaal gehärtet wie für die physischen Konflikte auf dem Schlachtfeld.[23]

Tatsache ist, dass jedesmal, wenn der Anstoß entsteht, einer neuen ›Wesenheit‹ Rechte zu übertragen, dieser Vorstoß zwangsläufig unausgewogen, angsteinflößend oder lächerlich erscheinen wird.[24] Zum Teil liegt das daran, dass wir das Rechtlose, bevor es seine Rechte erhält, nicht anders als wie ein Ding wahrnehmen können, das ›uns‹ zu dienen habe – uns, die wir bereits Inhaber von Rechten sind.[25] Was im Zusammenhang mit dieser Haltung an dem obengenannten Fall aus Wisconsin besonders ins Auge springt, ist, dass das Gericht in all seinen Ausführungen über die Frauen eindeutig nicht in der Lage war, Frauen so wahrzunehmen, wie sie sind (und wie sie werden können). Alles, was das Gericht sehen konnte, war die gängige, ›idealisierte‹ Version eines Objekts, wie sie ihm gerade zupass kam.

Dies ist die Art, wie die sklavenhaltenden Südstaaten auf die Schwarzen herabsahen.[26] Es gleicht einem Teufelskreis: bevor das ›Ding‹ für sich selbst gesehen und wahrgenommen werden kann, wird es Widerstand dagegen geben, ihm ›Rechte‹ zu übertragen; andererseits ist es aber sehr schwierig, das ›Ding‹ überhaupt zu sehen und als es selbst zu würdigen, bevor man sich dazu durchgerungen hat, ihm Rechte zu verleihen – was wiederum für einen Großteil unvermeidlicherweise nicht einsehbar sein wird.

Den Grund für diesen kleinen Exkurs über das Undenkbare wird der Leser mittlerweile ahnen können, und sei es nur durch den Titel dieser Abhandlung. Ich möchte hier den ernsthaften Vorschlag unterbreiten, den Wäldern, Ozeanen, Flüssen und anderen sogenannten Naturobjekten – ja, der natürlichen Umwelt insgesamt – eigene Rechte zu verleihen.[27]

So seltsam dieser Vorschlag auch klingen mag, entspringt er doch keiner bloßen Laune; auch ist er nicht frei von praktischer Bedeutung. In der Tat glaube ich, die neuerliche Entwicklung des Rechts wäre mit der Aussage, wir stünden kurz davor, derartige Rechte zuzuweisen, nicht unbedingt falsch beschrieben. Allerdings scheinen wir das, was wir da in die Wege geleitet haben, noch nicht unter jenem speziellen Blickwinkel, nämlich der Verleihung von Rechten, begriffen und betrachtet zu haben.[28] Dies sollten wir aber jetzt tun und damit beginnen, die Implikationen eines solchen Ansatzes zu erforschen.

II Für die Rechte der Umwelt

Die Feststellung, der natürlichen Umwelt müssten Rechte zuerkannt werden, läuft nicht auf eine so törichte Forderung hinaus, dass etwa niemandem mehr erlaubt sein dürfte, einen Baum zu fällen. Wir stellen ja fest, dass Menschen Rechtsinhaber sind, aber – zumindest jetzt (1972), während ich diese Zeilen niederschreibe –, gibt es Todesurteile und Hinrichtungen.[1] Die juristischen Personen *(corporations)* haben Rechte, aber sie können sich nicht auf den ›Fünften Zusatzartikel zur Verfassung der Vereinigten Staaten‹ *(Fifth Amendment)*[2] berufen.[3] Die wegweisende Entscheidung ›In re Gault‹[4] hat Fünfzehnjährigen zwar bestimmte Rechte im Jugendstrafverfahren zugewiesen, gab ihnen jedoch nicht das Wahlrecht. Insofern bedeutet die Aussage, die Umwelt sollte Rechte zugewiesen bekommen, nicht, sie sollte jedes nur denkbare Recht innehaben, oder auch nur, sie sollte dieselbe Rechtsstellung haben wie der Mensch. Auch geht es keinesfalls darum, sich dafür auszusprechen, jedes Ding in der Umwelt solle die gleichen Rechte haben wie jedwedes andere.

Die Übertragung von Rechten hat zwei Aspekte. Der erste betrifft das, was man die verfahrensrechtliche, rechtspraktische Seite nennen könnte, und der zweite betrifft die psychischen und sozialpsychologischen Implikationen. Mit diesen beiden Aspekten werde ich mich nacheinander befassen.

III Die rechtspraktischen Aspekte

Was es bedeutet, Inhaber von subjektiven Rechten zu sein

Soweit ich weiß, gibt es kein allgemein akzeptiertes Verständnis davon, wie der Terminus ›subjektives Recht‹ beziehungsweise ›Rechtsanspruch‹ *(legal right)* zu verwenden ist. Lassen Sie mich ausführen, wie ich ihn hier verwenden werde.

Zunächst, wenn der Terminus überhaupt einen Inhalt haben soll, kann von einem Rechtsträger so lange nicht behauptet werden, er habe derartige verbriefte Rechte inne, wie nicht irgendein Inhaber öffentlicher Gewalt bereit ist, solchen Handlungen, die offensichtlich mit dieser Rechtsstellung nicht im Einklang stehen, ein gewisses Maß an Beachtung zu schenken.

Wenn zum Beispiel ein Student von einer Universität relegiert werden kann und er keine offizielle Instanz, weder einen Richter noch einen Regierungsvertreter der untersten Ebene, dazu bewegen kann,

a) die Universität zu veranlassen, ihre Handlungsweise zu rechtfertigen – selbst wenn dies nur auf eine offizielle Erklärung hinausliefe, die darlegte, die Relegation sei nicht »völlig willkürlich und unbegründet« erfolgt –,

b) die Universität zu zwingen, dem Studenten einige verfahrensrechtliche Garantien zu gewähren – eine Anhörung, eine Erörterung, ein Recht zur Beschwerde –, dann liegen die Minimalanforderungen für die Feststellung eines derartigen verbrieften subjektiven Rechts des Studenten nicht vor.[1]

Aber für die Innehabung eines solchen Rechts ist mehr vorauszusetzen als eine öffentliche Instanz, die die Handlungen und Vorgehensweisen derer, die das Recht bedrohen, einer Überprüfung unterzieht.

In dem Sinn, wie ich den Terminus ›Inhaber eines subjektiven Rechts‹ verwenden werde, muss jedes der folgenden drei zusätzlichen Kriterien erfüllt sein. Alle drei laufen, wie man feststellen wird, darauf hinaus, den Träger juristisch gelten zu lassen, das heißt, darauf, dass er einen rechtlich anerkannten Wert sowie eine irgendwie geartete Würde aus eigenem Recht besitzt und nicht lediglich als Mittel dient, ›uns‹ zur Verfügung zu stehen (wer immer die jeweilige Gruppe von diesbezüglichen Rechtsinhabern sein mag). Die erwähnten Kriterien bestehen

1. darin, dass der Träger rechtliche Handlungen auf sein Geheiß vornehmen kann, und
2. darin, dass, um die Gewährung von Rechtsschutz zu garantieren, das Gericht auf die Verletzung seiner Rechte reagiert, und
3. darin, dass der Rechtsschutz sich zur Wahrung der Interessen des Trägers vollzieht.

Zur Illustration: Auch im Fall zweier Modellgesellschaften (G1 und G2), in denen die Sklaverei erlaubt ist, besteht ein fundamentaler Unterschied zwischen G1, in welcher der Sklavenhalter – wenn er sich hierfür entscheidet – vor Gericht gehen kann und den Ersatz seines Vermögensschadens gegen denjenigen geltend machen kann, der seinen Sklaven geschlagen hat, und G2, in welcher der Sklave diese gerichtlichen Schritte selbst einleiten kann, im Interesse seiner eigenen Herstellung, und der Schaden nach seinem Schmerz und seinem Leiden gemessen wird.

Es ist zu beachten, dass keine der beiden Gesellschaften so strukturiert ist, dass sie das Interesse des Sklaven, nicht geschlagen zu werden, vollständig ungeschützt ließe. Aber in G2 bestehen im Gegensatz zu G1 drei in verfahrensrechtlicher Hinsicht signifikante Vorteile, die dem Sklaven zugutekommen, und diese machen den Sklaven – obwohl er ein Sklave ist – zum Inhaber von Rechten.

Oder lassen Sie mich zwei andere Gesellschaften vergleichen: G1, in der die pränatale Schädigung eines lebend geborenen Kinds ein Klagerecht gegen den Schädiger im Namen der Mutter begründet, und zwar im Interesse der Mutter, auf der Grundlage des seelischen Schmerzes der Mutter, und G2, die dem Kind einen Anspruch im eigenen Namen (beispielsweise durch einen ihm zugewiesenen Prozesspfleger[2]) gibt, im Interesse seiner eigenen Wiederherstellung, auf Grund seiner Schädigung.

Wenn ich nun feststelle, dass im *Common Law*[3] Naturobjekte« nicht Inhaber verbriefter Rechte sind, dann wiederhole ich nicht einfach das, was wir alle als auf der Hand liegend akzeptieren. Mir geht es vielmehr darum, die drei spezifischen, rechtspraktisch bedeutsamen Verfahrensgarantien herauszustellen, die der Umwelt fehlen und die sie in der Rechtsstellung des Sklaven und des Fötus unserer Modellgesellschaft G1 belassen, hier kontrastierend mit dem Sklaven und dem Fötus von G2.

Die Rechtlosigkeit von Naturobjekten im Common Law

Betrachten wir zum Beispiel, wie sich das Common Law zur Verunreinigung eines Bachs stellt. Es ist wahr, Gerichte waren immer in der Lage, unter gewissen Bedingungen jedenfalls, Anordnungen zu treffen, die die Verunreinigung eines Bachs unterbinden würden – gerade so, wie in unseren Beispielen das Rechtssystem von G1 jeweils in der Weise strukturiert ist, dass es im Nebeneffekt vom Verprügeln des Sklaven und von Brutalitäten gegenüber Schwangeren abschreckt. Aber der Bach selbst ist grundlegend rechtlos – und das hat Implikationen, die es verdienen, nochmals sorgfältig überdacht zu werden.

Der erste Gesichtspunkt, unter dem der Bach nicht Inhaber von Rechten ist, hat mit der Befugnis zu tun, eigene Rechte vor Gericht geltend zu machen, das heisst mit der Klagebefugnis. Soweit es das Common Law angeht, steht im Allgemeinen keine Möglichkeit zur Verfügung, gegen die Handlungen eines Verunreinigers überhaupt vorzugehen, außer auf Veranlassung eines flussabwärts gelegenen Anrainers – eines anderen Menschen also, der in der Lage ist, einen Eingriff in seine Rechte geltend zu machen. Dieses Konzept vom Flussanrainer als dem Inhaber des Rechts, Klage zu erheben und Ansprüche geltend zu machen, ist von mehr als bloß theoretischem Interesse. Die flussabwärts gelegenen Anrainer mögen sich schlichtweg nicht um eine derartige Verunreinigung kümmern; sie sind vielleicht selbst Verunreiniger und haben deshalb kein Interesse, schlafende Hunde zu wecken; sie mögen wirtschaftlich von ihrem verunreinigenden Nachbarn abhängig sein;[4] und, natürlich, wenn sie den Wert eines Erfolgs vor Gericht gegen die Kosten der Klageerhebung und die Erfolgschancen aufrechnen, lohnt sich eine Klage möglicherweise gar nicht mehr. Ich habe hier den Fall im Auge, in dem etwa ein Verunreiniger hundert flussabwärtige Anrainer insgesamt um einen Betrag von jährlich 10 000 Dollar schädigt und jeder einzelne Anrainer einen Schaden lediglich in Höhe von 100 Dollar erleidet, also möglicherweise nicht genug für einen Einzelnen, um selbst die Klage mit Nachdruck voranzutreiben oder auch nur die Schwierigkeiten und Kosten auf sich zu nehmen, Streitgenossen zu gewinnen, um auf diese Weise die Angelegenheit für jeden einzelnen rentabler zu gestalten. Dieses Zögern ist insbesondere zu erwarten, wenn die potenziellen Kläger die Schwierigkeiten in Rechnung stellen, die ihnen das Recht in den Weg legt[5]: die Beweisführung, beispielsweise zu spezifizierten Schäden, zur Unbilligkeit der Wassernutzung durch den Beklagten oder darüber, dass praktikable Möglichkeiten einer Entsorgung existieren. Außerdem sind noch die Schwierigkeiten zu überwinden, die durch Gesichtspunkte wie die sogenannte überholende Kausalität[6], das Recht auf Verunreinigung innerhalb der einschlägigen Vorschriften und so weiter aufkommen. Auch in Bundesstaaten, die wie Kalifornien sich um die Überwindung dieser Schwierigkeiten bemüht haben, indem sie den Attorney General[7] ermächtigt haben, bis zu einer genau festgelegten Instanz wegen der Beseitigung von Umweltverschmutzungen Klage zu erheben, wurde von dieser Ermächtigung nur spärlich Gebrauch gemacht, und wenn es einmal geschah, dann legten die Gerichte sie restriktiv aus.[8]

Der zweite Gesichtspunkt, unter dem das Common Law den Naturobjekten ›Rechte‹ verweigert, hat mit der Art und Weise zu tun, wie in den Fällen, in denen jemand berechtigt und willens ist, sein Recht wahrzunehmen, letztlich entschieden wird. Auf seinen primitiveren Entwicklungsstufen hat das Rechtssystem die Rechte derjenigen Menschen, die Grundstückseigentümer sind, bevorzugt geschützt, ohne dabei eine nennenswerte Abwägung von Werten vorzunehmen: *cuius est solum, eius est usque ad coelum et ad infemos.*[9] Heute sind wir mehr und mehr dahin gelangt, einen Ausgleich der Interessen vorzunehmen – dies aber nur in der Weise, dass durch diesen die wirtschaftlichen Belange von einzelnen, identifizierbaren Bürgern Berücksichtigung finden.

Um den Fall des Bachs fortzuführen: Es gibt beispielsweise Kommentatoren, die von einem ›allgemeinen Grundsatz‹ sprechen, wonach »ein flussanrainender Grundstückseigentümer das verbriefte Recht auf einen angrenzenden Bachverlauf von unbeeinträchtigter Qualität ... « habe, und die feststellen, dass ein »flussaufwärts gelegener Eigentümer *prima facie* nicht berechtigt [sei], das Wasser zu verunreinigen«.[10]

Eine derartige Doktrin würde, strikt befolgt, den Bach absolut schützen, wann immer vor Gericht Klage erhoben wäre. Aber sehen wir uns doch einmal um: Ganz offensichtlich funktioniert das Recht nicht in dieser Weise. Nahezu überall gibt es theoretische, von einer Rechtsmeinung zugewiesene ›Rechte‹ auf einen nicht verunreinigten Bachverlauf.[11]

Obwohl diese Aussagen sich von Urteil zu Urteil verändern und davon abhängig sind, ob jemand im Einzelfall eine einstweilige Anordnung anstrebt oder eine Schadensersatzklage verfolgt, was sie untereinander gemein haben, ist eine gewisse Form des Ausbalancierens.

Ob nun mit Wendungen wie »vernünftige Nutzung«, »verträgliche Methode der Nutzung«, »Ausgleich des Vorteils« oder »Lehre vom Interesse der Allgemeinheit«[12] operiert wird – was die Gerichte gegeneinander abwägen, betrifft – in graduell abgestufter Direktheit beziehungsweise Vermitteltheit – auf der einen Seite die wirtschaftlichen Belastungen für den Anrainer am Flussoberlauf, die durch die Beseitigung der Umweltschädigung entstehen würden, und auf der anderen Seite die wirtschaftlichen Beeinträchtigungen aufgrund einer fortgesetzten Verschmutzung für die flussabwärts liegenden Anrainer. Was in der Abwägung nicht zählt, sind die Beschädigung des Bachs, seiner Fische, seiner Schildkröten und seines Lebens ›minderer‹ Ordnung. Solange die natürliche Umwelt selbst rechtlos ist, sind dies keine Gegenstände richterlicher Aufmerksamkeit.

Auf diese Weise erleben wir, wie das höchste Gericht des Bundesstaats Pennsylvania sich weigert, eine Kohlebergwerksgesellschaft daran zu hindern, verschmutztes Wasser aus dem Bergwerk in einen Nebenfluss des Lackawana River zu leiten, weil die Beschwerde eines Klägers aufgrund »rein privater Unannehmlichkeiten erfolgt« sei und »bloß private Beeinträchtigungen sich den Notwendigkeiten einer großen öffentlichen Industrie beugen müssen, die, obwohl in der Hand einer privatrechtlich organisierten juristischen Person, einem gewichtigen Interesse der Allgemeinheit dient«.[13]

Der Bach selbst ist in einem »quantitativen Kompromiss zwischen zwei widerstreitenden Interessen« aus dem Blickfeld geraten.[14]

Die dritte Art und Weise, wie das Common Law die Naturobjekte rechtlos macht, hat damit zu tun, wer als Nutznießer eines günstigen Gerichtsurteils angesehen wird. Auch hier ist von erheblicher Bedeutung, dass es nicht das Naturobjekt ist, das aus seiner eigenen Rechtsstellung heraus Geltung beanspruchen kann. Um diesen Punkt zu verdeutlichen, möchte ich mit der Feststellung beginnen, dass von einem Schaden des Naturobjekts in sinnvoller Weise nur insoweit auszugehen ist, als mit seiner ›Wiederherstellung‹ nur die offensichtlichsten, am meisten auf der Hand liegenden Faktoren gemeint sein können.[15]

Die Kosten der Wiederherstellung eines Walds beispielsweise würden die Kosten der Wiederaufforstung, der Sanierung von Feuchtgebieten und der Wiederaufstockung des Wildbestands einschließen – die gleiche Art von Kosten, wie sie die Forstverwaltung nach einem Waldbrand aufzubringen hat. Einen verschmutzten Fluss zu sanieren, würde die Kosten für die Wiederaufstockung des Fischbestands, des Bestands an Wasservögeln und des anderweitigen Tier- und Pflanzenlebens beinhalten sowie die Auswaschung von Verunreinigungen, die Einrichtung von natürlichen oder künstlichen Belüftungssystemen und so weiter. Nun, wichtig ist festzustellen, dass in unserem gegenwärtigen Rechtssystem auch im Fall des Obsiegens eines prozessierenden Flussanrainers in einem Wasserverunreinigungsprozess kein Geld zum Nutzen des Flusses selbst, das heißt zur Behebung seiner Schäden, entrichtet wird.[16] Diese Auslassung hat den weiteren Effekt, dass das Recht einem Umweltsünder lediglich den Betrag auferlegt, der zur Entschädigung der klagenden Flussanrainer aufzubringen ist. Diese Summe liegt womöglich weit unter dem am Fluss angerichteten Schaden[17], reicht aber unter Umständen nicht aus, um den Verunreiniger zu zwingen, Abstand von seinem Tun zu nehmen. Es ist zum Beispiel ohne weiteres ein Wasserverschmutzer vorstellbar, dessen Aktivitäten einen Fluss im Ausmaß von 10 000 Dollar jährlich beeinträchtigen, obwohl der Gesamtschaden auf Seiten aller Flussanrainer, die sich der Klage angeschlossen haben, nur etwa in der Höhe von 3000 Dollar anzusiedeln wäre. Wenn nun diese 3000 Dollar unter den Kosten einer Betriebsstilllegung oder unter denen einer technischen Umstellung der betreffenden Anlage liegen, wird der Inhaber es wohl vorziehen, die Entschädigungssumme (das heißt die rechtlich feststellbaren Schäden) zu zahlen, und er wird den Fluss weiterhin verunreinigen.

In gleicher Weise wird auch für den Fall, dass die gerichtliche Entscheidung eine antragsgemässe Unterlassungsverfügung beinhaltet, nichts die Kläger daran hindern können, den Fluss quasi ›zu verkaufen‹, das heißt, darin einzuwilligen, die gerichtliche Anordnung nicht durchzusetzen beziehungsweise aufzuheben, und zwar gegen Bezahlung einer bestimmten Summe: im obengenannten Beispiel einer Summe, die zwischen der Schadenshöhe« (3000 Dollar) und der für den Beklagten nächstgünstigen Alternative liegen würde. In der Tat, exakt in diesem Sinn verstehe ich das, was Richter Learned Hand in einer in einem Wasserverunreinigungsprozess ergangenen gerichtlichen Verfügung, in der er die Rechtsauffassung äußerte, der Beklagte »solle seinen Frieden mit dem Kläger schließen, so gut er [könne]«[18], im Sinn hatte. Gemeint ist ein Frieden zwischen ihnen, nicht zwischen ihnen und dem Fluss.

Ich sollte an dieser Stelle klarstellen, dass das Common Law bezüglich der Bäche und Flüsse – derlei Beispiele habe ich bislang beleuchtet – nicht dasselbe ist wie hinsichtlich der anderen Naturobjekte. In der Tat würde man in Schwierigkeiten geraten, wollte man behaupten, es gäbe, was seine Behandlung durch das Recht angeht, ein ›typisches‹ Umweltobjekt. So gibt es einige Unterschiede bei der Anwendung des Rechts auf die vielfältigen Ressourcen, die im öffentlichen Eigentum stehen, Flüsse, Seen, Meere, Dünen, die Luft, ober- und unterirdische Wasserläufe, Strände und so weiter.[19] Und es gibt noch einen gewichtigeren Unterschied, nämlich den zwischen diesen traditionell ›öffentlichen‹ Ressourcen und den Naturobjekten auf Privatland, das heißt dem Weiher auf dem Feld eines Bauern oder dem Baumbestand auf dem Rasen eines Vorstadthäuschens.

Obwohl diese Unterschiede, die es töricht erscheinen lassen, verallgemeinernd über ein Recht der natürlichen Umwelt zu sprechen, durchaus vorhanden sind, ist es andererseits so,

dass die meisten dieser Unterschiede jene Gesichtspunkte, die am Beispiel von Flüssen und Bächen festgestellt werden konnten, zusätzlich verdeutlichen. Keines der Naturobjekte, ob nun im öffentlichen Eigentum stehend oder auf Privatland gelegen, erfüllt eines der drei Kriterien eines Rechtsinhabers: Sie sind nicht berechtigt, aus eigenem Recht Klage zu erheben; ihre ureigensten Beeinträchtigungen zählen für den Ausgang des Prozesses nicht; und sie sind nicht Nutznießer des verhängten Schadensersatzes.

Dergestalt sind solche Objekte vom Recht traditionell behandelt worden – und von der gesamten Gesetzgebung (außer der allerneuesten) sogar als Objekte, die der Mensch erobern, meistern und benutzen solle – ganz in der Weise, wie einst das Gesetz die Beziehungen des ›Menschen‹ zu den afrikanischen ›Negern‹ betrachtet hat. Gerade dort, wo spezielle Maßnahmen ergriffen wurden, um die Natur zu bewahren – etwa bei den Schonzeiten für das Wild und den Obergrenzen für den Holzeinschlag – lag das ausschlaggebende Motiv darin, sie für uns zu bewahren, zum höchsten Nutzen einer Höchstzahl von Menschen.

Meiner Wahrnehmung zufolge weigern sich Naturschützer im Allgemeinen, unter einem anderen Vorzeichen zu arbeiten.[20] Wie der Name ›Schützer‹ *(conservationists)* schon sagt, wollen sie unseren Konsum und unsere Freude an jenen anderen lebenden Dingen bewahren und garantieren. Aus ihrem eigenen Recht haben die Naturobjekte kaum Gewicht, weder vor dem Gesetz noch in den populär gewordenen Bewegungen.

Wie ich zu Beginn bereits angemerkt habe, kann und sollte sich die Rechtlosigkeit der natürlichen Umwelt ändern. Und es tauchen tatsächlich erste Anzeichen dafür auf, dass dies bereits der Fall ist.

Für die Befugnis, aus eigenem Recht Klage zu erheben

Es ist weder unausweichlich, noch ist es ein Ausdruck von Weisheit, dass Naturobjekte nicht das Recht haben, im eigenen Namen Regress einzufordern. Die Aussage, Bäche und Wälder könnten keine Klagebefugnis innehaben, weil sie nicht sprechen können, kann als Antwort nicht befriedigen. Die sogenannten juristischen Personen *(corporations)* können ebenfalls nicht sprechen, noch können es Staaten, Vermögensgesamtheiten, Kleinkinder, Nichtgeschäftsfähige, Gemeindeverwaltungen oder Universitäten. Für sie sprechen Rechtsvertreter, wie sie dies auch üblicherweise für den Normalbürger, der juristische Probleme hat, tun. Ich denke, man sollte die Rechtsprobleme von Naturobjekten so handhaben, wie man es mit den Problemen Nichtgeschäftsfähiger, etwa menschlicher Wesen, die nur noch dahinvegetieren, tut.

Wenn ein Mensch Anzeichen von Senilität aufweist und Angelegenheiten zu besorgen hat, die er oder sie *de jure* nicht mehr bewältigen kann, dann führen diejenigen, die sich um sein Wohlergehen kümmern, einen entsprechenden Nachweis vor Gericht, und jemand wird vom Gericht bestellt mit der Vollmacht, die Angelegenheiten des nichtgeschäftsfähigen Menschen zu besorgen. Der »Vormund«[21], der »Pfleger«[22], der »Vertreter«, der »Kurator«[23], – die jeweilige Terminologie variiert – vertritt dann den Nichtgeschäftsfähigen in seinen rechtlichen Angelegenheiten.

Eine ähnliche Bestallung verfügen die Gerichte, wenn eine Handelsgesellschaft ›nichtgeschäftsfähig‹ geworden ist – sie bestimmen einen Konkursverwalter beziehungsweise einen Treuhänder für den wirtschaftlichen Wiederaufbau, damit dieser die

Angelegenheiten der Handelsgesellschaft wahrnimmt und für diese vor Gericht auftritt, wenn es notwendig wird.

Im Analogieschluss sollte das Rechtssystem die Möglichkeit vorsehen, dass der ›Freund‹ eines Naturobjekts sich, sobald er dessen Gefährdung bemerkt, an ein Gericht wenden kann, um eine derartige Vormundschaft begründen zu lassen.[24] Womöglich liegen die Verfahrensvoraussetzungen, derartiges in die Wege zu leiten, bereits vor. Zum Beispiel definiert das kalifornische Recht einen Nichtgeschäftsfähigen als »eine Person, die, ob geisteskrank oder nicht, aus Altersgründen, wegen Krankheit, Geistesschwäche oder aus anderen Gründen ohne fremde Hilfe nicht in der Lage ist, für sich selbst und ihr Vermögen zu sorgen beziehungsweise dieses zu verwalten, und bei der aus eben diesen Gründen die Wahrscheinlichkeit besteht, dass sie von einer böswilligen beziehungsweise einer geschickt handelnden Person leicht getäuscht oder betrogen werden kann«.[25]

Natürlich – ein Gericht davon zu überzeugen, dass ein gefährdeter Fluss nach dieser Vorschrift eine ›Person‹ sei, ruft nach Anwälten, so kühn und einfallsreich wie jene, die den Obersten Gerichtshof seinerzeit davon überzeugt haben, eine Eisenbahngesellschaft sei eine ›Person‹, die unter das ›Vierzehnte Amendment‹ falle, ein Verfassungszusatz, der bis dahin als Sicherung der Rechte von in die Freiheit entlassenen Sklaven angewendet wurde.[26] (Als diese Abhandlung in Druck ging, beantragte Prof. Byrn aus Fordham beim New Yorker Obersten Gerichtshof, als rechtlicher Vormund eines mit ihm nicht verwandten, zur Abtreibung freigegebenen Fötus bestellt zu werden, um auf diese Weise in die Lage versetzt zu werden, einen Musterprozess im Namen aller ähnlich behandelten Föten der achtzehn New Yorker Krankenhäuser zu führen. Richter Holtzmann gab diesem Antrag auf Bestellung zum Vormund statt!)[27]

Sollte eine derartige, auf den gegenwärtigen Vorschriften basierende Argumentation scheitern, dann könnte eine spezielle Umweltgesetzgebung ergehen, ausgerichtet an den traditionellen Vormundschaftsgrundsätzen. Solche Bestimmungen könnten sowohl öffentliche Naturobjekte als auch – eventuell mit leicht modifiziertem Regelungsgehalt – Naturobjekte auf ›privatem‹ Land für eine Vormundschaft vorsehen.[28]

An potenziellen ›Freunden‹, die ein solches Regelungssystem erfordern würde, wäre wohl kaum ein Mangel. Der Sierra Club, der Environmental Defense Club, die Friends of the Earth, der Natural Resources Defense Counsel und die Izaak Walton League sind nur einige der vielen Gruppen, die ihr unermüdliches Engagement für die Umwelt unter Beweis gestellt haben und die zunehmend in der Lage sind, die hierfür erforderlichen technischen Experten und Juristen zu stellen. Wenn beispielsweise der Environmental Defense Club Grund zu der Annahme haben sollte, der Tagebaubetrieb eines Kohleunternehmens könne das ökologische Gleichgewicht größerer Landstriche zerstören, so könnte er sich entsprechend diesem Verfahren an das Gericht des Bezirks wenden, in dem das betroffene Gebiet liegt, um als Vormund bestellt zu werden.[29] Als Vormund könnten der Stiftung Inspektions- oder Besuchsrechte eingeräumt werden, um bei Gericht eine vollständigere Beweisaufnahme über den Zustand des Lands zu veranlassen beziehungsweise die Aufmerksamkeit des Gerichts hierauf zu lenken.

Wenn es nun Anzeichen dafür gäbe, dass nach materiellem Recht ein gewisser Schadensersatz zugunsten des betroffenen Gebiets fällig werden könnte, dann wäre der ›Vormund‹ in die Lage versetzt, die Rechte des Lands in dessen Namen geltend zu machen, das heißt ohne Umweg und ohne den – oft vergeblichen – Beweis führen zu müssen, dass die Rechte von

Vereinsmitgliedern verletzt seien; hierauf wurde ja bereits weiter oben eingegangen.

Derartige Sprecher würden auch für die Wahrnehmung vieler anderer Schutzaufgaben gebraucht, beispielsweise für die Kontrolle der Emissionen (und/oder die Kontrolle der Kontrolleure) und die Vertretung ihrer ›Mündel‹ in Gesetzgebungs- und Regierungsanhörungen auf Gebieten wie der Festsetzung der Grenzwerte für die Wasserqualität oder ähnliches mehr. Entsprechende Verfahren existieren bereits und können noch verbessert werden, um beispielsweise bei Gericht die Ablösung und Ersetzung von Sprechern zu veranlassen, etwa in Fällen von Interessenskonflikten und Konflikten anderer Herkunft,[30] sowie in den Fragen der zeitlichen Befristung der Vormundschaft.[31]

In der Tat gibt es im Recht bereits eine Bewegung in dieser Richtung, nämlich die, der Umwelt die Vorteile der Klagebefugnis zu gewähren, wenn auch nicht in einer so befriedigenden Weise wie im Vormundschaftskonzept. Im Blickfeld habe ich hier die auffallende Liberalisierung der herkömmlichen Voraussetzungen für die Klagebefugnis in neueren Gerichtsentscheidungen, in denen umweltbezogene Aktionsgruppen Maßnahmen der Bundesregierung angefochten hatten. Für diese Entwicklung ist der Fall ›Scenic Hudson Preservation Conference ./. Federal Power Commission (FPC)‹[32] ein gutes Beispiel. Dort hatte die FPC der New York's Consolidated Edison-Gesellschaft die Erlaubnis erteilt, am Hudson River bei Storm King Mountain ein Wasserkraftwerk zu bauen. Der Erteilung der Erlaubnis wurde seitens der Naturschützer mit der Begründung entgegengetreten, die Hochspannungsleitungen zerstörten das landschaftliche Erscheinungsbild, Fischbestände würden vernichtet und Wildwechsel würden überschwemmt. Zwei dieser Umweltschutzgruppen, vereint unter dem Namen Scenic

Hudson Preservation Conference, erhoben beim 2. Gerichtsbezirk Klage, um die Erlaubnis aufheben zu lassen. Trotz des Einwands, die Scenic Hudson sei nicht klagebefugt, weil sie nicht den herkömmlichen Nachweis geführt habe über »persönliche Einbußen, resultierend aus Handlungen der FPC«[33], wurde der Klage stattgegeben, und der Fall wurde zur erneuten Entscheidung an die Kommission, das heißt die FPC, zurückverwiesen. Bezüglich der Klagebefugnis stellte das Gericht fest, die Regelung des § 313 (b) im ›Federal Power Act‹ (etwa: Bundesenergiegesetz, Anm. d. Ü.) verleihe jeder Partei, die durch Maßnahmen der Kommission beschwert werde[34], die Befugnis, Rechtsbehelfe einzulegen. Das Gericht verstand »beschwert durch« als nicht auf diejenigen begrenzt, die einen herkömmlichen wirtschaftlichen Schaden geltend machen, sondern als ausreichend weitgefasst, um diejenigen mit zu erfassen, »die durch ihre Aktivitäten und ihr Verhalten ein spezielles Interesse unter Beweis gestellt haben« bezüglich der »ästhetischen, der Naturschutz- und der Erholungsaspekte in der Energiepolitik«.[35] Eine ähnliche Begründung hat auch die Gerichte anderer Bezirke dahingehend beeinflusst, die Anfechtungen von beabsichtigten Maßnahmen der Federal Power Commission, des US-Innenministeriums und des Ministeriums für Gesundheit, Erziehung und öffentliche Wohlfahrt durch Umwelt-Aktionsgruppen zuzulassen, auf der Grundlage beispielsweise von Erholungs- und ästhetischen Interessen anstelle unmittelbarer wirtschaftlicher Schädigungen.[36] Lediglich der 9. Gerichtsbezirk *(circuit)* hat sich diesbezüglich verweigert, und einer dieser Fälle steht nun beim Obersten Gerichtshof der USA zur Entscheidung an, während diese Zeilen hier geschrieben werden: Es handelt sich um einen Versuch des Sierra Club, ein Walt-Disney-Projekt im Sequoia-Nationalforst verbieten zu lassen.[37]

Auch wenn der Oberste Gerichtshof den 9. Bezirk in dem Rechtsstreit ›Walt Disney ./. Sequoia Nationalforst‹ korrigieren und dadurch die anderen Gerichtsbezirke ermutigen sollte, ihre Linie in Richtung einer liberalisierten Klagebefugnis auf diesem Gebiet beizubehalten, so gibt es doch entscheidende Gründe, dem Vormundschafts-Ansatz nichtsdestoweniger das Wort zu reden. In erster Linie haben Rechtsfälle dieser Art die Klagebefugnis auf der Auslegungsgrundlage spezieller bundesrechtlicher Statuten ausgedehnt: dem ›Federal Power Commission Act‹[38], dem ›Administrative Procedure Act‹[39], dem ›Federal Insecticide, Fungicide and Rodenticide Act‹[40] und anderen. Solch eine Rechtsgrundlage kann umweltrechtliche Klagen aber nur dort tragen, wo Maßnahmen von Bundesbehörden betroffen sind, – und dort womöglich auch nur dann, wenn eine bestimmte gesetzliche Terminologie vorliegt, wie beispielsweise die Formulierung »beschwert durch«, die im ›Federal Power Act‹ vorkommt und auf die sich die Initiativgruppen dann gegebenenfalls berufen können. Betrachten wir beispielsweise den Fall ›Bass Angler Sportsman Society ./. United States Steel Corp‹.[41]: Dort gingen die Kläger gegen 175 im gesamten Gebiet von Alabama ansässige Beklagte vor, indem sie sich auf Titel 33, § 407, des ›United States Code‹ (U. S. C.) (1970) stützten, der folgendes bestimmt: »Es ist rechtswidrig, [jedwedes] Abfallmaterial in schiffbares Gewässer der Vereinigten Staaten zu werfen, darin zu deponieren, zu entleeren, oder in den Zufluss eines schiffbaren Gewässers, von dem aus das Abfallmaterial in ein derartiges schiffbares Gewässer fließen oder gespült werden kann ... «.[42]

Eine andere Vorschrift des Gesetzes sieht vor, dass die Hälfte der vom Gericht verhängten Strafe an die Personen gezahlt wird, die Informationen beschaffen, aufgrund derer es zu einer Verurteilung kommt.[43] Unter Berufung auf diese letztere Vorschrift führte der Kläger seine Klage als *qui-tam*-Klage[44] und bemühte sich, dem Gesetz im Weg einer einstweiligen Anordnung und eines Strafverfahrens Geltung zu verschaffen. Das Distriktsgericht entschied, dass, wenn nicht das Gegenteil explizit geregelt sei, niemand außer dem Justizminister die Befugnis innehabe, Klage wegen Verletzung eines Strafgesetzes zu erheben, und es weigerte sich, sich mit der Frage zu befassen, ob Rechtsverletzungen vorgekommen seien.[45]

Anders als der Ansatz über eine in diesem Sinn liberalisierte Klagebefugnis würde das Vormundschaftskonzept der Umwelt effektiver Gehör verschaffen, und zwar auch dort, wo weder Maßnahmen von Bundesbehörden noch öffentliche Gewässer oder öffentlicher Grund und Boden betroffen wären. Es würde auch eine der Befürchtungen verringern, die die Gerichte – wie beispielsweise der 9. Bezirk – bezüglich der Konzeption einer erweiterten Klagebefugnis hegen: Wenn sich von einem auf den anderen Tag beliebige Ad-Hoc-Gruppen konstituieren könnten und ein derart universell anrufbares ›Recht‹ wie die ästhetischen oder die Erholungsinteressen ihrer Mitglieder geltend machten und damit vor Gericht zögen, wie wäre dann noch eine Flut von Klagen abzuwenden?[46]

Und wenn eine Ad-Hoc-Gruppe eine Klage verlöre, die im Namen eines Erhaltet-unsere-Bäume-Komitees geführt wurde: Was geschähe, wenn genau dieselben Mitglieder sich zwei Jahre später neu organisierten und, etwa unter dem Namen einer Massapequa Sylvan Protection League, erneut klagten? Ist die neue Gruppe an die getroffene Entscheidung im Sinn der *res iudicata*[47] gebunden?

Das Recht der *class action*[48] (Gruppenklage) mag in der Lage sein, einige der mehr offensichtlichen Probleme zu beheben.

Aber selbst wenn es so wäre: Die Verfahrensökonomie wäre besser gewährleistet durch die Ernennung des Vormunds zum *de-jure*-Repräsentanten des Naturobjekts, verbunden mit dem Recht anderer, Einfluss zu nehmen, aber mit dem grundsätzlichen rechtlichen Vorverständnis, dass das Naturobjekt durch ein ihm ungünstiges Urteil ›gebunden‹ sei.[49] Das Sprecher- beziehungsweise Vormundschaftskonzept würde außerdem für das Naturobjekt gewährleisten, was der Konkursverwalter für das gefährdete Unternehmen sicherstellt: eine kontinuierliche Aufsicht über eine längere Zeitperiode hinweg, verbunden mit einem tiefergehenden Verständnis für umfassendere Probleme des ›Mündels‹, und zwar nicht bloß hinsichtlich der Probleme, die in einer besonderen Streitsache offenbar werden. Und für das Gericht wäre sichergestellt, dass der Kläger zur Geltendmachung eines Anspruchs aufrichtiges Engagement und den erforderlichen Sachverstand mitbrächte – beides sind unerlässliche Voraussetzungen für die Durchführung jedes wirklichen ›Rechtsfalls‹ beziehungsweise jeder ›Streitsache‹.

Der Vormundschafts-Ansatz könnte zwei Einwände auf den Plan rufen, von denen aber meines Erachtens keiner viel Überzeugungskraft besitzt:

Der erste läuft darauf hinaus, ein Vormundschaftsausschuss beziehungsweise ein Vormund könnte die Bedürfnisse oder Belange eines Flusses oder Walds nicht in eigener Verantwortung beurteilen. In der Tat könnte man sagen, dass gerade eine derartige Vorstellung von ›Bedürfnissen‹ im hier gegebenen Zusammenhang nur im übertragenen Sinn verstanden werden kann.

Der zweite Einwand lautet, ein derartiges System unterscheide sich nicht sehr von dem, was wir derzeit schon haben: Ist nicht das Innenministerium bereits ein solcher ›Vormund‹ für das im öffentlichen Eigentum stehende Land, haben nicht die meisten Staaten eine Gesetzgebung, die die Attorney Generals ermächtigt – in einer Art *parens-patriae*-Methode –, Abhilfe in solchen Fällen von Verstößen zu schaffen, und zwar in der Weise, wie auch ein ›Vormund‹ dies tun würde?

Was den ersten Einwand angeht: Naturobjekte können uns ihre Bedürfnisse mitteilen, und zwar auf eine Art, die nicht so furchtbar mehrdeutig ist. Ich bin mir ganz sicher, dass ich mit größerer Bestimmtheit und Sicherheit beurteilen kann, ob mein Rasen Wasser benötigt, das heißt ich kann die ›Bedürfnisse‹ meines Rasens erkennen, und zwar klarer als der Attorney General einzuschätzen in der Lage ist, ob und wann die Vereinigten Staaten die Berufung gegen ein abweichendes Urteil eines Instanzgerichts einlegen sollen, also klarer, als er die ›Bedürfnisse‹ der Vereinigten Staaten erkennen kann.

Dass er Wasser braucht, teilt mir mein Rasen durch eine bestimmte Trockenheit der Halme und des Bodens – durch Berühren direkt erfahrbar – mit: das Auftreten von kahlen Spitzen, die sich gelb verfärben, und eine gewisse Unfähigkeit, sich nach dem Umgeknicktwerden wieder aufzurichten; aber wie teilen sich die Vereinigten Staaten dem Attorney General mit? Aus ähnlichen Gründen könnte sich der Vormund beziehungsweise Anwalt eines smoggefährdeten Nadelbaumbestands mit mehr Überzeugung dafür einsetzen, dass sein ›Mandant‹ den Smog abgestellt sehen möchte, als die Direktoren eines Unternehmens etwa feststellen können, dass es ›das Unternehmen‹ nach einer Dividendenausschüttung verlangt. Wir treffen doch täglich Entscheidungen im Namen und im angeblichen Interesse von anderen, und diese anderen sind häufig Geschöpfe, deren Bedürfnisse sich in ihrer Konzeption weitaus weniger verifizierbar und sogar weitaus metaphysischer darstellen als die Bedürfnisse von Flüssen, Bäumen und Landschaften.[50]

Hinsichtlich des zweiten Einwands kann man in der Tat Hinweise darauf finden, dass das Innenministerium als eine Art Vormund des öffentlichen Grund und Bodens angesehen wurde.[51] Aber es gibt doch zwei Gesichtspunkte, die man im Auge behalten sollte.

Erstens: soweit der Minister bereits ein geeigneter Vormund ist, ist er dies nach Artikel IV, Absatz 3, der Verfassung nur im Hinblick auf öffentliches Land im Bundeseigentum.[52] Seine Vormundschaft schließt weder öffentliches Land im Besitz anderer Gebietskörperschaften noch Privatland mit ein.

Zweitens: nach dem Umweltschutzschrifttum und den vielen Streitfällen, die von Umweltschutzgruppen betreut wurden, ist das Ministerium einer der ›Buhmänner‹ der Umweltschutzbewegung. Man denke in diesem Zusammenhang nur an den problematischen Frieden zwischen den Indianern und dem Büro für Indianerangelegenheiten. Ob die Vorwürfe nun berechtigt sind oder nicht, man kommt jedenfalls nicht umhin festzustellen, dass das Ministerium mit vielfältigen öffentlichen Aufgaben betraut ist – dabei handelt es sich nie um ›einfache‹, unproblematische Angelegenheiten – und gegenwärtig von einer erheblichen Bandbreite von Interessengruppen, von denen die Umweltschützer nur eine sind, unter Druck gesetzt wird, etwas zu tun. In diesem Kontext erhielte ein ›Vormund‹ außerhalb dieses institutionellen Rahmens seinen speziellen Wert. Im Übrigen braucht ein Bürger, um seine Rechte voll wahrnehmen zu können, die Möglichkeit, einen unabhängigen Rechtsrat einzuholen, und zwar auch – und vielleicht sogar in besonderer Weise – dort, wo die Regierung ›für ihn‹ sozusagen nutzbringend tätig wird. Ich habe beispielsweise keinen Grund, daran zu zweifeln, dass das System der sozialen Sicherheit ›für mich‹ unterhalten wird, aber ich möchte nicht auf mein Recht verzichten, seine

Maßnahmen, soweit sie mich betreffen, anzufechten, wenn dies notwendig wird.[53] Ich würde von den Wäldern im Bundeseigentum nicht mehr Vertrauen in das Innenministerium verlangen. Die gleichen Überlegungen treffen auf die lokalen Behörden zu, wie beispielsweise regionale Wasserschutzausschüsse, deren Mitglieder in Wasserverschmutzungsfällen ja häufig Stellungnahmen beziehungsweise Gutachten verfassen, deren Glaubwürdigkeit einfach nicht mehr zu überbieten ist![54]

Der Einwand, der sich auf die Verfügbarkeit des Attorney General als Beschützer der Umwelt innerhalb des existierenden Rechtssystems bezieht, läuft etwa auf dasselbe hinaus. Die gesetzlichen Möglichkeiten sind begrenzt und manchmal unklar. Als politische Geschöpfe müssen die Attorney Generals ihren Ermessensspielraum mit dem einen Auge auf ihre Beförderung und dem anderen auf den Ausgleich einer breiten Palette wichtiger sozialer Angelegenheiten gerichtet nutzen, angefangen bei der Bewahrung der Moral bis hin zur Vermehrung des Steueraufkommens in ihrem Gerichtsbezirk. Der gegenwärtige Zustand unserer Umwelt und die Geschichte der doch sehr vorsichtigen Entwicklung und Handhabung von Umweltschutzgesetzen[55], die ja seit langem auf dem Papier stehen – all dies legt Zeugnis dafür ab, dass die Last der weitgefassten Zuständigkeiten und Verantwortungsbereiche eines Attorney General offensichtlich nicht viel Kapazitäten für den Schutz der Natur übriggelassen hat (siehe oben, ›Bass-Anglers‹-Entscheidung). Kein Zweifel, das wachsende Interesse an der Umwelt wird den Eifer der öffentlichen Institutionen auch dort beflügeln, wo – was häufig der Fall sein wird – von hochkarätigen Anwälten vertretene Umweltsünder der großen Industrieunternehmen für die Probleme verantwortlich sind. Der US-Attorney General hat seine Umweltschutzaktivitäten tatsächlich gesteigert, und er sollte in dieser Richtung weiter bestärkt und ermutigt werden.[56] Die gesetzlichen Kompetenzen der Attorney Generals sollten erweitert und mit einem strafrechtlichen Instrumentarium versehen werden, das hinsichtlich der Strafhöhe etwa dem ökonomischen Nutzen entsprechen müsste, den die Gesetzesverletzungen den Umweltsündern (finanziell) einbringen.[57] Andererseits kann man nicht die Tatsache ignorieren, dass ein vermehrter Druck auf den staatlichen Gesetzeshütern lastet, sich einer ganzen Palette anderer Probleme zuzuwenden, von den Verbrechen auf offener Straße – warum sagen wir nicht: Verbrechen an offenen Flüssen und Bächen? – über Verbraucherschutz bis zur Frage des Schulbus-Systems. Um die natürliche Umwelt auf diesem Tummelplatz der Probleme nicht ganz untergehen zu lassen, würden wir meines Erachtens gut daran tun, den Vormundschafts-Ansatz als zusätzliche Sicherung einzuführen; die bedeutenderen Naturobjekte würden zu Inhabern eigener Rechte, die dann von gerichtlich bestellten Vormündern geltend zu machen wären.

Für die Berücksichtigung der dem Naturobjekt zugefügten Schäden

Was die materiell-rechtliche Entscheidung einer Rechtsstreitigkeit angeht, so kann mit guten Erfolgsaussichten vorgetragen werden, die Beeinträchtigung der Umwelt, das heißt die ihrer eigenen Rechte, müsse Berücksichtigung finden.

Wie oben angedeutet, läuft die herkömmliche Entscheidungsmethode, ob in einem umweltrechtlichen Gerichtsverfahren eine richterliche Verbotsverfügung ergeht – jedenfalls dort, wo öffentliches Eigentum betroffen ist – auf eine Art Abwägung wirtschaftlicher Schäden der betroffenen Menschen hinaus. Noch vor kurzem hat Richter Douglas, ein Jurist, der privat den Belangen des Naturschutzes durchaus verbunden ist, über die Umweltverträglichkeit eines neuen Staudammes unter anderem auf der Basis von geschätzten Fischfangverlusten in Höhe von etwa 12 000 000 Dollar entschieden.[58] Obwohl er dort entschieden hat, das Projekt zu verzögern, um weitere Untersuchungsergebnisse abzuwarten, erscheint seine Begründung seltsam unvollständig und kompromisshaft.

Warum soll die Umwelt eigentlich nur mittelbar von Bedeutung sein, und zwar lediglich über die Einbußen an Profit, die ein anderer erleidet? Warum wird nicht der Preis eingebracht, den die Umwelt zahlt?

Das Argument für eine ›Personifizierung‹ der Umwelt in der Schadensberechnung lässt sich am besten vom Standpunkt des Sozialstaats her begründen. Jedes gut funktionierende Wirtschafts- und Rechtssystem sollte so strukturiert sein, dass es jeden von uns mit den gesamten Kosten konfrontiert, die unser Verhalten der Gesellschaft letztlich aufbürdet.[59] Im Idealfall müsste dann der Betreiber einer Papiermühle bei seiner Entscheidung darüber, was er wo und mit welchen Methoden produziert, gezwungen werden, nicht nur das Holz, die nötigen Chemikalien und die Arbeitskraft in Rechnung zu stellen, die die Produktion anderen gesellschaftlichen Verwendungsmöglichkeiten entzieht, sondern auch die Umweltbelastungen, welche die Gesellschaft durch anderweitige Produktionsentscheidungen zu tragen hätte. Das gegenwärtige amerikanische Rechtssystem veranlasst die Fabrik, beispielsweise über das Vertrags- und das Strafrecht, die Kosten, welche sich aus der ersten Gruppe von Forderungen ergeben können, in Rechnung zu stellen. Wenn beispielsweise der Einkäufer der Fabrik tausend Fässer Chemikalien bei der Firma X bestellt, dann kann diese die Papiermühle zur Bezahlung der Ware verpflichten und der Gesamtgesellschaft auf diesem Weg zurückerstatten, was sie, die Papierfabrik, anderweitigem gesellschaftlichen Gebrauch entzieht.

Bedauerlicherweise beginnt das Ideal einer quotenmäßigen Verteilung, soweit die Kosten der Umweltverschmutzung betroffen sind, zusammenzubrechen, weil die traditionellen Institutionen des Rechtssystems es immer schwerer haben, uns, die Bürger, ›zu fassen zu kriegen‹ und mit den vollen sozialen Kosten unserer Handlungen zu konfrontieren. Im Beispiel der Papierfabrik am Ufer des Sees mögen die überwiegenden Interessen von Uferanrainern zu einer gerichtlichen Klage führen und das Gericht dazu bringen, deren Gesamtschaden gegen die fiktiven Kosten abzuwägen, die der Fabrik durch die Installierung einer Kläranlage beziehungsweise einer umweltschützenden Entsorgungseinrichtung entstünden. Aber viele andere Interessen – ich spreche in diesem Zusammenhang von rechtlich anerkannten, anthropozentrischen Interessen – sind zu zersplittert und, was die Frage der Kausalität angeht, ›zu weit entfernt‹, um eine rechtliche Geltendmachung zu gewährleisten und Schadensersatz durchzusetzen: etwa die Interessen der Bürger, die Ferienhäuser oder Motels besitzen, diejenigen der Händler, die Angelsportgeräte und Köder verkaufen oder desjenigen, der einen Bootsverleih betreibt. Es gibt keinen Grund, dem See die Möglichkeit vorzuenthalten, diese Schäden für sie darzulegen, genauso wie die im Wege einer *prima facie* vorgenommenen Bemessung der Schäden am See selbst.

Indem wir so vorgehen, erheben wir das Naturobjekt – durch seinen Vormund – zu einer juristisch relevanten Wesenheit, die in der Lage ist, jene fragmentierten und anders nicht repräsentierten Schadensersatzansprüche zusammenzufassen und sie gerichtlich durchzusetzen, und zwar auch dort, wo sie – aus rechtlichen oder rein praktischen Gründen – nicht in traditionellen Gruppenklagen *(class actions)* durchgesetzt werden.[60]

In der Tat liegt eine Möglichkeit darin, den Vormund des Naturobjekts – in anthropozentrischer Sichtweise – als Vormund von noch nicht geborenen Generationen zu sehen beziehungsweise als Vormund von noch nicht repräsentierten, aber gleichwohl über eine größere Entfernung hinweg geschädigten, derzeit lebenden Menschen.[61] Indem der See selbst zum Mittelpunkt dieser Schäden gemacht und ihm sozusagen eine Stimme verliehen wird, kann das Rechtssystem in effektiver Weise die Fabrik mit einer im Ergebnis umfassenderen und der Wirklichkeit eher entsprechenden Bemessung jener Schäden konfrontieren, die ihre Umweltverschmutzung verursacht, und diese auch unter Beweis stellen.

Bis hierher gehe ich eigentlich nicht davon aus, dass meine Freunde von der volkswirtschaftlichen Fakultät – jeder von ihnen ein unverbesserlicher Parteigänger menschlicher Interessen – wegen dieses Konzepts einen größeren Streit prinzipieller Art vom Zaun brechen würden. Viele werden es als *trompe l'ail* sehen, darauf hinauslaufend, die Ziele der Muster-Gruppenklagen *(paragon class action)* oder eines beispielhaften Wasserschutzdistrikts durchzusetzen.

Doch deutet so manches darauf hin, dass unsere Wege sich an einem bestimmten Punkt trennen werden: Ich schlage nämlich vor, in der Frage dessen, was die meisten Menschen heutzutage als wirtschaftlich verifizierbare Schäden anerkennen würden, nicht beim Zusammentragen von Versatzstücken stehenzubleiben. Der Vormund würde also Umweltschäden vor Gericht bringen, die gegenwärtig noch gar nicht justiziabel sind: das Sterben der Adler, der Tod nicht essbarer Krabben, das Leiden der Seelöwen, das Aussterben von Tierarten wie beispielsweise kommerziell wertlosen Vogelspezies, das Verschwinden eines Wildnisgebiets. Natürlich könnte man bei derartigen Beeinträchtigungen von ›Schäden‹ auf Seiten der Menschen sprechen. Und in der Tat zeigt das überall zu beobachtende Wachstum von Umweltschutzgruppen, dass diese Verluste von den Menschen auch als solche empfunden werden. Aber es handelt sich hierbei um zur Zeit noch nicht wirtschaftlich messbare Verluste. Wie können sie einen in Geld ausdrückbaren Wert haben, der vom Vormund vor Gericht geltend gemacht werden kann?

Für mich ist die Antwort einfach. Wo immer das Rechtssystem Rechte aus dem ›Eigentum‹ herleitet und entwickelt, ist es damit beschäftigt, den in Geld ausgedrückten Wert herauszuarbeiten: Beispielsweise hätte die literarische Arbeit eines Autors nur minimalen Geldwert, wenn jeder sie nach Belieben nachdrucken könnte.

Ihr wirtschaftlicher Wert für den Autor leitet sich aus dem Urheberrecht her. Derjenige, der ein urheberrechtlich geschütztes Buch abdruckt, hat dem Copyright-Inhaber eine Gebühr zu entrichten, weil das Urheberrecht es vorschreibt. In ähnlicher Weise haben wir durch das Schadensersatzrecht ein ›Recht‹ auf Schutz der Privatsphäre begründet und ihm einen wirtschaftlich messbaren Wert gegeben. (Der Wert, den wir dem Gold beimessen, diesem gelben seelenlosen Staub, ist nicht lediglich eine Funktion von Angebot und Nachfrage – Wildnisregionen sind auch rar und schön –, sondern das Resultat seiner Behandlung durch die Rechtssysteme dieser Welt, die seinen Wert institutionalisiert haben. Diese haben außerdem die bemerkenswerte Leistung vollbracht, seinen Preis stabil zu halten.)

Mein Vorschlag geht dahin, Adler und Wildnisgebiete wie urheberrechtlich gesicherte Werke, patentierte Erfindungen oder die rechtlich geschützte Privatsphäre zu behandeln; ich schlage vor, die Verletzung ihrer Rechte zu einem Kostenfaktor zu erheben, und zwar durch die Kennzeichnung der an ihnen verübten ›Piraterie‹ als Eingriff in eine Art Eigentumsrecht.[62] Wenn wir so verfahren würden, enthielten die sozialen Nettokosten, mit denen sich der Umweltsünder konfrontiert sähe, nicht mehr nur die umfangreichen anthropozentrischen Kosten seiner Umweltverschmutzung – das wurde weiter oben bereits erörtert –, sondern sie schlössen darüber hinaus auch die Kosten der Umwelt per se ein.

Wie aber würden diese Kosten berechnet? Wenn wir eine Erfindung schützen, dann können wir zunächst ihren etwaigen Marktwert zugrunde legen, und der Schaden kann auf dieser Grundlage bestimmt werden. Aber die verlorenen Werte der Umwelt, von denen wir hier sprechen, liegen schon von ihrer Definition her jenseits dessen und über dem, was der Markt zu bieten in der Lage ist: Sie sind unbezahlbar.

Eine mögliche Bemessung der Schäden wäre, wie oben vorgeschlagen, an den Kosten orientiert, die zur Wiederherstellung der Umwelt aufgewendet werden müssten: und zwar in derselben Weise, wie wir der schuldigen Partei bei einer in einem Verkehrsunfall erlittenen Verletzung die Kosten der medizinischen Wiederherstellung des Verletzten auferlegen. Die vergleichbaren Aufwendungen im Fall eines verschmutzten Flusses wären die Kosten für das Ausbaggern, die Wiederaufstockung der Fischbestände et cetera. Nach meiner Schätzung würden wir auf der Basis einer derartigen Kostenberechnung etwa für die Rettung des Eriesees zu einer Größenordnung von einer Milliarde Dollar kommen.[63] Als Ideallösung wäre dies meines Erachtens eine gute Richtlinie, anwendbar in vielen Umweltschutzfällen. Allerdings ist dies in keiner Weise unproblematisch.

Ein Problem bei der Festlegung der Schäden auf der Basis der Wiederherstellung einer heilen Umwelt besteht darin, dass dies – streng genommen – auf die Forderung nach einem ›Einfrieren‹ der Umweltqualität hinausläuft, was gleichzeitig erhebliche Aufwendungen für die Erhaltung ›nutzloser‹ Umweltobjekte bedeuten würde.[64] Ein derartiges ›Einfrieren‹ ist für mich, als allgemeines Ziel, nicht schlechthin unvorstellbar, wenn man sich insbesondere vor Augen führt, dass wir auch aufgrund der unmittelbar erkennbaren anthropozentrischen Interessen in vielen Bereichen gehalten sind, den Status quo nicht lediglich zu bewahren, sondern ihn sogar zu verbessern. In der Tat gibt es derzeit (1972, Anm. d. Ü.) im Kongress eine deutliche Stimmung in Richtung einer vollständigen Unterbindung jeder Flussverunreinigung ab 1985[65], ungeachtet der Tatsache, dass eine derartige Entscheidung ziemlich hohe Kosten direkter und indirekter Art für alle bedeuten würde.

An dieser Stelle ist man geneigt, sich die Anordnung von Richter Hayes ins Gedächtnis zu rufen, mit der er im ›Scenic-Hudson‹-Fall den Genehmigungsantrag der Consolidated Edison's Storm King an die Federal Power Commission zurückverwies: »Die erneut erforderlich werdenden Maßnahmen der Commission müssen als ein grundlegendes Interesse auch die Bewahrung der Naturschönheit sowie der naturgeschichtlich bedeutsamen Stätten beachten und dabei im Auge behalten, dass in unserer Wohlstandsgesellschaft die Kosten eines Projekts nur einen von mehreren Faktoren darstellen, die zu berücksichtigen sind.«[66]

Nichtsdestoweniger sind viele Fälle vorstellbar, in denen dieses Konzept – würde es in die Praxis umgesetzt – mit derart hohen sozialen Kosten verbunden wäre, dass es, ungeachtet des Werts, den es prinzipiell als Zielvorstellung behielte, als nicht mehr vertretbar erscheinen müsste. Man stelle sich beispielsweise ein am Meer gelegenes Atomkraftwerk vor, das billigen Strom für eine Million Haushalte produzieren würde, mit einer jährlichen Ersparnis von einem Dollar pro Haushalt, und zwar ohne die Luftverschmutzung, die bei einem Betrieb mit fossilen Brennstoffen anfiele. Durch eine geringfügige Erwärmung des Wassers wäre aber eine seltene Seeigelspezies vom Aussterben bedroht. Nehmen wir weiter an, dass technische Maßnahmen, die geeignet wären, die Wassertemperatur auf das gegenwärtige Niveau zu reduzieren, die gesamte Summe von einer Million Dollar an geschätzter Brennstoffersparnis aufbrauchen würden: Sind wir – im Interesse der Seeigel – bereit, uns selbst mit einer Million Dollar jährlich zu besteuern? In den vergleichbaren Problemfällen kommen wir im gegenwärtigen Schadensrecht zu praktikablen Kompromissen, indem wir die Wiederherstellungskosten außer Acht lassen und uns nach dem geschätzten Marktwert richten. Wenn beispielsweise ein Automobil so schwer beschädigt ist, dass die Kosten der Herstellung des ursprünglichen Zustands höher ausfallen als der geschätzte Handelswert, würden wir dem Schädiger zugestehen, nur den geschätzten Handelswert zu zahlen. Oder wenn ein Mensch durch einen Unfall einen Arm verliert – möglicherweise vergleichbar dem nicht wiedergutzumachenden Verlust des Meers an Seeigeln –, können wir auf die Kapitalisierung der verminderten Verdienstmöglichkeiten sowie der erlittenen Schmerzen zurückgreifen, um die Schäden zu bemessen. Aber was ist der geschätzte Handelswert von Seeigeln? Wie können wir ihren Verlust für das Meer kapitalisieren, unabhängig von irgendeinem Handelswert, den sie für irgend jemand anderen haben mögen?

Eine Antwort ist darin zu sehen, dass das Problem in manchen Fällen mit recht zufriedenstellendem Ergebnis umgangen werden kann. Im Beispiel der Seeigel könnte eine Kompromiss-

lösung darauf hinauslaufen, dem Atomkraftwerk die Kosten für die Wiederherstellung des Meeres an anderer Stelle auf anders geartete Weise aufzuerlegen, beispielsweise durch die Wiedereinrichtung einer Seeigelkolonie andernorts oder durch einen irgendwie vergleichbaren Beitrag.[67] In der Debatte über die Trans-Alaska-Pipeline zeigen sich deren Erbauer offensichtlich bereit, den Einwänden der Umweltschützer auf halber Strecke entgegenzukommen, und zwar durch Wiederherstellung der Bedingungen eines wildgerechten Lebensraums abseits der Pipeline, soweit dies durchführbar ist.[68]

Aber auch wenn Schadensberechnungen angestellt werden müssen, sollte man im Auge behalten, dass die Bemessung des Schadens in den seltensten Fällen lediglich auf eine Aufstellung des Marktwerts hinausläuft, ob wir nun den Verlust eines Fußes, eines Fötus oder eines Kunstwerks bewerten mögen. Entscheidungen dieser Art sind immer schwierig, jedoch nicht unmöglich. Wir haben zunehmend Leiden und Schmerzen von Menschen bei der Berücksichtigung von Schäden in Rechnung gestellt, und zwar nicht, weil wir meinten, wir könnten sie sozusagen innerhalb des gesamten Universums als ›objektive Tatsachen‹ fixieren, sondern weil wir uns – und hierüber sind sich im breiten Spektrum der Meinungen alle einig – dem gesellschaftlichen Fortschritt wohl eher nähern, wenn wir hierbei grobe Schätzungen vornehmen und derartige Schäden nicht ganz ignorieren.[69]

Insofern können wir hinsichtlich der Umwelt-Schäden derartige Schätzungen voll und ganz in dem Bewusstsein vornehmen, dass wir tatsächlich – wie bei der Bewertung erlittener Schmerzen – implizit normative Urteile fällen, das heißt, dass wir eher Regeln darüber aufstellen, was die Gesellschaft bei derartigen Wertungen berücksichtigen soll, als dass wir Wertungen des Markts referieren. Bei der Vornahme derartiger normativer Schätzungen gehen diejenigen, die über derartige Sachverhalte zu entscheiden haben, nicht fehl, wenn sie ihre Bewertung zunächst hoch ansetzen und dann die Aufgabe, diese Größe wieder zu reduzieren, den unmittelbar betroffenen menschlichen Interessen zuweisen. Bei der Beweislast sollten allgemeine Erfahrungssätze berücksichtigt werden: unsere Erfahrungen in Umweltfragen laufen zum Beispiel auf die immer wieder bestätigte Feststellung hinaus, dass unsere Handlungen größere Ausmaße an langfristigen Folgeschäden verursacht haben, als wir ursprünglich annehmen konnten.

In welchem Ausmaß bei der Ermittlung der Schadenshöhe Kostenfaktoren wie das Leiden und erlittene Schmerzen von Tieren und anderer mit Empfindung begabter Naturobjekte zu berücksichtigen wären, kann ich nicht sagen. Dennoch wäre ich hierzu im Prinzip bereit.[70] Unter dem Vorzeichen des spekulativen Charakters derartiger Schätzungen und dem doch recht groben Raster des Verfahrens der Vorteilsausgleichung, innerhalb dessen die Bewertung stattfindet, wäre diese Praxis unter dem Aspekt der Sozialpsychologie, der weiter unten erörtert werden wird, von größerem Interesse als in dem hier vorliegenden rechtspraktischen Zusammenhang.

Der Umwelt sollen die Früchte ihrer Rechte zufallen

Wie oben bereits ausgeführt, besteht ein Grund, die Umwelt selbst zur Nutznießerin eines obsiegenden Urteils zu machen, darin, zu verhindern, dass sie in Verhandlungen zwischen den privaten Parteien möglicherweise ›verkauft‹ wird – wenn sich nämlich Kläger und Beklagte darauf einigen, Rechtsstellungen, die ihnen zuerkannt wurden, nicht durchzusetzen.[71] Ein Schutz hiergegen wird darin bestehen, das Naturobjekt in einem auf Unterbindung weiterer Beeinträchtigungen abzielenden Vergleich *(injunctive settlement)* zur Partei zu machen. Was noch wichtiger wäre: wir sollten es zum Nutznießer von Schadensersatzzahlungen machen. Wenn ein Gericht bei der für die Entscheidung über eine einstweilige Anordnung anzustellenden Interessenabwägung zu dem Ergebnis kommt, der Seeverunreiniger, der jährlich Schäden in Höhe von 50 000 Dollar verursacht, sei nicht mit einem Verbot zu belegen, dann sollte der anstatt dessen ausgesprochene Schadensersatz aber dem See und den betroffenen Grundstückseigentümern zugewiesen werden. Der dem Naturobjekt zuerkannte Anteil könnte in einen treuhänderischen Fonds eingezahlt werden, der von seinem ›Vormund‹ verwaltet würde – entsprechend der oben schon ausgeführten Befürwortung der Vormundschaft als dem hier geeigneten Instrument. Soweit die Schäden, wie oben dargelegt, so ermittelt werden, dass das Naturobjekt in die Lage versetzt wird, die den anderen Geschädigten zugefügten Beeinträchtigungen im Weg des Anscheinbeweises *(prima facie evidence)* als eigene Schäden zusammenzufassen, wird es natürlich Probleme bei der Verteilung des Schadensersatzes geben. Aber selbst wenn die Rolle des Naturobjekts einfach darin läge, eine Mehrheit von Klägern unter der Geltung der anwendbaren zivilrechtlichen Normen zusammenzufassen,[72] wird häufig ein beträchtlicher Teil des Schadensersatzes solchen Mitklägern beziehungsweise Streitgenossen zugewiesen werden, die keinen Anspruch auf einen Ausgleich im Innenverhältnis erheben werden – entweder weil ihr Anteil zu gering ist oder auch wegen ihres echten Engagements für die Umwelt.

Nicht nur der Schadensersatz sollte diesem Fonds zugutekommen, sondern auch die Geldbußen, die beispielsweise gegen Wasserverschmutzer verhängt werden – möglicherweise abzüglich der Kosten, die für die Strafverfolgung aufgewandt wurden. Diese Gelder sollten jedenfalls eher in einen derartigen Fonds eingezahlt werden, als dem Fiskus allgemein zufallen. Die Aufwendungen des Vormunds, einschließlich der anfallenden Verfahrenskosten, würden dann aus diesem Fonds bestritten. Und was noch wichtiger ist: die Mittel stünden zur Verfügung, um das Naturobjekt auf dem Stand zu erhalten, der gegeben war, als die Umwelt Inhaberin von Rechten wurde.[73]

Das Konzept, die Schäden so genau wie möglich zu ermitteln, ist weitaus realistischer als die Hoffnung auf ein vollständiges ›Einfrieren‹ des umweltlichen Status quo. Die Natur ist der immerwährende Schauplatz, auf dem die Dinge und die Gattungen von Lebewesen – dies gilt letztlich auch für die Menschheit – ihren Auftritt haben, um dann wieder von der Bühne abzutreten.[74] Für diese Zeit bedeutet aber Koexistenz zwischen dem Menschen und seiner Umwelt, dass jeder Teil im beiderseitigen Interesse Kompromisse eingehen muss. Eine gewisse Verunreinigung von Wasserläufen beispielsweise wird vielleicht für einige Zeit nicht zu vermeiden sein. Anstatt das nicht erreichbare Ziel zu setzen, jegliche Art von Emissionen zu verbieten, würde das Konzept eines Treuhänderfonds

a) sicherstellen helfen, dass eine Verunreinigung der Umwelt durch die industrielle Produktion von Waren nur in jenen Fällen in Kauf genommen wird, in denen der gesellschaftliche Bedarf für das jeweilige Produkt – auf dem Stand seiner gegenwärtigen Herstellungsweise – so groß wäre, dass der umweltverschmutzende Produzent in die Lage versetzt wäre, sämtliche anthropozentrischen Kosten zu tragen, zuzüglich des geschätzten Aufwands für die Umwelt per se, und darüber hinaus

b) – soweit hierfür Bedarf bestünde – eine Kapitalrücklage an Umweltschutzgeldern schaffen, während sich der technische Fortschritt zu einem Punkt hin entwickelt, an dem die ›Reparatur‹ des beschädigten Teils der Natur durchführbar würde. – Ein derartiger Fonds könnte sogar den hierfür erforderlichen Forschungs- und Entwicklungsaufwand finanzieren.[75]

(Randbemerkung: Wenn der Umwelt nun also ›Rechte‹ übertragen werden sollen, könnte sie aus den gleichen Gründen genausogut Verantwortlichkeiten übernehmen, so, wie dies früher bei unbelebten Objekten der Fall war.[76] Flüsse ertränken Menschen, treten über ihre Ufer und zerstören dabei die Ernte. Wälder geraten in Brand und zerstören angrenzende menschliche Behausungen. Wo nun treuhänderische Fonds bestünden, könnten sie eingesetzt werden, um jene Urteile gegen die Umwelt finanziell abzudecken, in denen ihr die Kosten einiger der Beeinträchtigungen auferlegt würden, die sie anderen Trägern von Rechten zufügte. Im Ergebnis würden wir damit den Anwendungsbereich der sogenannten höheren Gewalt einschränken. Die hier auftretenden ontologischen Probleme würden wohl einiges Kopfzerbrechen bereiten: Angenommen der Nil tritt über seine Ufer: Wäre dies dann die Verantwortlichkeit des Flusses? Der Berge? Des Schnees? Des Wasserkreislaufs?[77])

Für ein substanzielles Recht

Bis hierher haben wir die Charakteristika der Innehabung von Rechten betrachtet und einige der Implikationen untersucht, die sich aus der Erhebung der Umwelt zur Trägerin von Rechten ergeben würden. Naturobjekte hätten aus eigener Rechtsvollkommenheit Rechte inne, vermittelt über einen Vormund. Schäden, die sie erlitten oder zufügten, würden als unabhängige Faktoren betrachtet und festgestellt. Und sie wären die Nutznießer von rechtlich zugebilligtem Schadensersatz. Aber diese Erwägungen vermitteln uns nur umrisshaft, was die Innehabung von Rechten bedeuten würde. Die ›Rechte‹ der Umwelt mit Inhalt zu füllen, setzt voraus, dass wir die Umwelt mit einem deutlich gekennzeichneten Katalog von Rechten ausstatten, auf die sie sich berufen könnte, wenn sie vor Gericht zöge.

In dieser Hinsicht ist der Jurist sich ja ständig dessen bewusst, dass ein Recht nicht, wie der Laie meinen könnte, eine Art von merkwürdiger Substanz ist, die man entweder hat oder nicht hat. Das Leben, das Wahlrecht, das Eigentum: Jedes kann jeweils weggenommen werden. Aber diejenigen, die diese Rechte einschränken, müssen sich an bestimmte Verfahrensweisen halten. Diese verfahrensrechtlichen Grundsätze sind ein Maßstab dafür, was wir als Gesellschaft mit Wert belegen. Einige der bedeutendsten Fragen bezüglich der ›Rechte‹ entpuppen sich dann als graduelle Fragen: Wie viel Beachtung werden staatliche Stellen aufwenden und wie werden sie verfahren, wenn wir geltend machen, unsere ›Rechte‹ seien verletzt?

Wir haben weder ein absolutes Recht auf Leben noch auf Ausstellung eines Führerscheins. Aber wir haben ein stärker ausgeformtes Recht auf Leben, weil, wenn der Staat uns dieses ›Recht‹ nehmen will, eigens bevollmächtigte Instanzen tätig werden, die vom Staat sehr strenge Nachweise verlangen: Er wird seine Handlungen vor der großen Jury *(grand jury)*, der kleinen Jury *(petit jury)* – beide werden über jeden vernünftigen Zweifel hinaus überzeugt werden müssen –, danach vor der über die Strafzumessung entscheidenden Jury *(sentencing jury)* und dann wahrscheinlich durch mehrere Rechtsmittelinstanzen zu rechtfertigen haben.

Die Herausbildung von studentischen Rechten im Unterrichtsbetrieb erfolgte mit Hilfe von Verfahrensstrukturen dieser Art. Ich denke, es gibt niemanden, der darauf beharrt, ein Student dürfe unter keinen Umständen relegiert werden. Der Kampf um studentische ›Rechte‹ bedeutet eine Verlagerung des Schwerpunkts auf Fragen wie: Muss der Student angehört werden, bevor er relegiert wird? Darf er einen Anwalt hinzuziehen? Muss der Staat ihm einen Anwalt stellen, wenn er hierzu nicht selbst in der Lage ist? Muss ein Protokoll gefertigt werden? Trägt die Universität die Beweislast für die Beschuldigung? Darf der Student Zeugen befragen?

Wenn er relegiert wurde: Kann er Rechtsmittel bei einem ordentlichen Gericht einlegen? Wenn ja, muss die Universität darlegen, dass ihre Maßnahmen begründet oder nur, dass sie nicht unbegründet waren, und so weiter?[78]

Vor diesem Hintergrund bedeutet die Einbringung der Umwelt als Inhaberin von Rechten nicht, sie gegenüber uns gewöhnlichen Sterblichen, die täglich Unrecht im Sinn eines *damnun absque iniuria*[79] erleiden müssen, besserzustellen.

Wofür die Umwelt allerdings sorgen muss, ist, ihren Interessen auf subtilere Weise, das heißt eher auf dem Weg über das Verfahrensrecht, Geltung zu verschaffen. Das bundesweit geltende Umweltschutzgesetz (›National Environmental Protection Act‹) ist ein glänzendes Beispiel für diese Art von Rechtswahrung durch die Ausarbeitung von Verfahrensgarantien.

Neben zahlreichen anderen Bestimmungen schreibt das Gesetz vor, jede Bundesbehörde müsse

(C) bei jeder befürwortenden Stellungnahme beziehungsweise bei jedem Bericht über Gesetzgebungsvorhaben oder andere bundesweite Vorhaben, die in signifikanter Weise die Qualität der menschlichen Umwelt berühren, eine ausführliche Stellungnahme des jeweils verantwortlichen Beamten enthalten über

(1) die Auswirkungen der beabsichtigten Maßnahme auf die Umwelt,

(2) die nachteiligen Auswirkungen auf die Umwelt, die bei Durchführung der Maßnahme vermeidbar wären,

(3) Alternativen zu der vorgeschlagenen Maßnahme,

(4) das Verhältnis von kurzfristiger lokaler Nutzung der menschlichen Umwelt zu Erhaltung und Steigerung der langfristigen Produktivität,

(5) die nicht rückgängig zu machende, unwiederbringliche Bindung von Ressourcen, die die Durchführung der vorgeschlagenen Maßnahme zur Folge hat.

Vor Abgabe einer ausführlichen Stellungnahme hat der verantwortliche Bundesbeamte sich mit jeder Bundesbehörde ins Benehmen zu setzen, die hinsichtlich einer der Auswirkungen gesetzlich zuständig ist oder über speziellen Sachverstand in dieser Richtung verfügt. Abschriften derartiger Stellungnahmen sowie die Kommentare und Anmerkungen der betreffenden Bundes-, Landes- und Lokalbehörden, die für die Überwachung und Entwicklung umweltrechtlicher Richtlinien zuständig sind, werden dem Präsidenten, dem Council on Environmental Quality und der Öffentlichkeit, wie in § 552 Abschnitt 5 U.S.C. vorgeschrieben, zugänglich gemacht, und sie verbleiben während des behördlichen Prüfungsverfahrens als Anlagen bei dem gesamten Vorgang.

(D) Die Bundesbehörden haben weiterhin bei jedem Vorschlag, der ungelöste Konflikte bezüglich des alternativen Gebrauchs verfügbarer Ressourcen betrifft, geeignete Alternativlösungen zur jeweils empfohlenen Maßnahmenvariante zu prüfen, zu entwickeln und zu beschreiben.

(E) Sie haben den weltweiten und langfristigen Charakter von Umweltproblemen zu berücksichtigen und dort, wo dies im Einklang mit der Außenpolitik der Vereinigten Staaten steht, solchen Initiativen, Resolutionen und Programmen geeignete Unterstützung zu gewähren, die auf eine Maximierung derjenigen internationalen Zusammenarbeit gerichtet sind, die zum Ziel hat, einer Verschlechterung der menschlichen Umwelt entgegenzuwirken, und

(F) den Bundesstaaten, Counties, Kommunen, Institutionen und einzelnen Bürgern Information und Beratung verfügbar zu machen, die bei der Wiederherstellung, Erhaltung und Verbesserung der Umweltqualität von Nutzen sein können.[80]

Diese Verfahrensgarantien haben sich vor Gericht bereits bewährt. Beispielsweise haben Bundesgerichte aufgrund des Versäumnisses der Federal Power Commission, eine adäquate Prüfung von Alternativen – gemäß Absatz (3) – im ›Scenic-Hudson‹-Fall vorzunehmen, und des Versäumnisses der Atomic Energy Commission, im Zusammenhang mit den unterirdischen Explosionstests auf Amchitka Island[81] die gemäß der Absätze (1) und (2) erforderlichen Untersuchungen anzustellen, die Durchführung von für die Umwelt bedrohlichen Maßnahmen untersagt.

Diese Art von Kontrolle – nämlich die Zurückverweisung einer Angelegenheit an eine Behörde zur weiteren beziehungsweise erneuten Überprüfung – mag dem Laien ineffektiv oder lediglich als ein Aufschub des ohnehin Unvermeidlichen erscheinen. Für den Juristen und für den Systemanalytiker ist es jedoch eine bekannte Tatsache, dass die Anordnung einer erneuten Überprüfung durchaus Wirkungen zeitigen kann. Sie bestärkt die Institution, deren Maßnahmen die Umwelt bedrohen, möglicherweise darin, wirklich noch einmal darüber nachzudenken, was sie tut, und dies ist weder ineffektiv, noch ist es geringzuschätzen. In der Tat würde ich aber dieses Prinzip gerne über den Bereich der Bundesbehörden hinaus angewendet wissen. Viele Bereiche der Umwelt werden nicht von ihnen, sondern von privaten Firmen bedroht.

Das Verfassungsrecht würde mit Sicherheit ausreichende Handhabe bieten, alle privaten Firmen, deren Handlungen nachteilige Auswirkungen auf die Umwelt haben können, zu verpflichten, solche Untersuchungen anzustellen, wie sie den staatlichen Behörden bereits auferlegt sind. Weiterhin sollte den Firmen vorgeschrieben werden, dass diese Untersuchungsergebnisse und Berichte der jeweiligen Unternehmensleitung *(board of directors)*[82] vorgelegt werden.

Wenn die Chefetage nicht mit dem Wissen darüber vertraut gemacht wird, was die Firma der Umwelt antut, wird es dem unteren Management zu leicht gemacht, derartige Berichte abzublocken, bevor sie eine Ebene erreichen, auf der sie politisch brisant sind. Wenn man sich nicht entschließt, derartige Verfahrensweisen einzuführen, werden dem Vormund vermutlich weiterhin reichlich Gründe geliefert, gegen die Handlungen der Privatunternehmen einzuschreiten.

Die Rechte der Umwelt könnten noch dadurch erweitert werden, dass man aus dem ›Environmental Protection Act‹ eine weitere Passage entleiht und vergleichbare Vorschriften entsprechend auf private Verwaltungen erstreckt. Das Gesetz errichtet ja bekanntlich innerhalb des Exekutivbüros des Präsidenten einen Ausschuss für Umweltqualität (Council on Environmental Quality), mit der Aufgabenstellung, »die wissenschaftlichen, ökologischen, sozialen, ästhetischen und kulturellen Bedürfnisse der Nation bewusst zu verfolgen, auf sie einzugehen und eine nationale Politik zu formulieren und zu propagieren mit dem Ziel, die Verbesserung der Umweltqualität voranzutreiben«.[83]

Dieser Ausschuss sollte eine wichtige Schaltstelle innerhalb unseres größten ›Unternehmens‹ – des Staats – werden, um Informationen über die Umwelt zu sammeln und auszuwerten, die dann zur höchsten vollziehenden Gewalt – zum Präsidenten – gelangen sollen. Weit entfernt davon, ineffektiv zu sein, könnte sich dies eher als eine hochentwickelte Methode erweisen, das Verhalten von Organisationen zu steuern. Unternehmen – insbesondere die gewohnheitsmäßigen Umweltsünder und Ausbeuter der Erde – sollten gezwungen werden, eine vergleichbare interne Neugliederung vorzunehmen, beispielsweise einen Vizepräsidenten für Umweltfragen einzusetzen. Der Autor dieser Zeilen offeriert diesen Gedankengang nicht als ein Allheilmittel: Aber ich habe keinen Zweifel, dass diese Art von Kontrolle über die unternehmensinterne Organisation eine wirksame Ergänzung darstellen könnte zu den traditionellen Mechanismen wie Zivilklagen, Genehmigungsverfahren, behördlichen Kontrollen und Geldbußen.[84]

In gleicher Weise sollten die Gerichte bei Entscheidungen, die die Umwelt betreffen können, gezwungen werden, ihre Schlussfolgerungen unter Berücksichtigung der Umweltbeeinträchtigungen zu treffen, und zwar, indem sie offenlegen, wie sie diese in Rechnung gestellt und gewichtet haben – und dies auch außerhalb des gegenwärtigen Umweltschutzgesetzes.

Dies hätte zumindest zwei Konsequenzen: Erstens verschöbe sich im Gerichtssaal in gewisser Weise der zentrale Punkt der Beweiserhebung und des gerichtlichen Interesses. Zweitens würden die Rechtsmittelinstanzen durch ihre Kontrolltätigkeit und die Praxis der Rückverweisung unzulänglicher Entscheidungen ein regelrechtes System von Umweltrechten begründen und diese mit Inhalt füllen – ähnlich wie jenen Prozess, in dem im Lauf der Jahre Begriffe wie ›Rechtsstaatlichkeit‹ *(due process of law)* Substanz und Inhalt erhalten haben.

Würde es aber jenseits dieser Verfahrensgarantien auch Rechte der Umwelt geben, denen absolute Geltung zugewiesen würde, zumindest in dem Maß wie etwa der Meinungsfreiheit? In diesem Zusammenhang ist an die ›Lehre vom nicht wiedergutzumachenden Schaden‹ *(doctrine of irreparable injury)* zu denken. Es hat lange Zeit hindurch eine angemessene Unterstützung für den Attorney General bei der Verfolgung von Beeinträchtigungen des öffentlichen Eigentums gegeben, wenn er unter Beweis stellen konnte, dass diese Schäden irreparabel waren. Mit anderen Worten: Während ein behebbarer Schaden an der Umwelt gewichtet und ausgeglichen werden konnte, war die irreparable Schädigung absolut verboten. Es gibt etliche Gründe, warum diese Theorie nicht effektiv angewandt worden ist; ein Beispiel hierfür ist der Eriesee.[85] Zweifellos wurde hier im weitesten Sinn politischer Druck ausgeübt.

Dasselbe gilt für unser aller Versäumnis, zu verstehen, wie heikel das ökologische Gleichgewicht ist. Dieses Versäumnis lässt uns übersehen, wie früh schon ein ›irreparabler‹ Schaden vorliegen kann. Wenn wir ihn dann wahrnehmen, können wir vor Gericht nicht mehr die erforderlichen Beweise führen. Aber am wichtigsten ist meines Erachtens in diesem Zusammenhang, dass diese Theorie einfach nicht als universell anwendbare Regel taugt. Auf der einen Seite gibt es zu viele Beispiele wie das der obengenannten Seeigel, wo die marginalen Kosten der Schadensbeseitigung allzu eindeutig den marginalen Nutzen übersteigen, auch wenn der Umweltschaden großzügig geschätzt wird. Auf der anderen Seite gibt es das große Problem,

wie der Terminus ›irreparabel‹ auszulegen ist. Mit Sicherheit ist der größte Teil der Umwelt in den zivilisierten Teilen der Welt bereits ›irreparabel‹ – im Sinn von ›irreversibel‹ – geschädigt worden. Es ist unwahrscheinlich, dass wir jemals zu einem Zustand der Natur zurückkehren werden, wie er noch im Mittelalter anzutreffen war. Trotz des wissenschaftlichen Aufwands um diesen Begriff werden die Urteile, die sich mit dem ›irreparablen Schaden‹ befassen, sowohl Fragen des Schadensausmaßes wie auch solche des Werts zu erörtern haben, die das geschädigte Objekt für ›uns‹ alle, die Umwelt eingeschlossen – also für das gesammte ›Raumschiff Erde‹ – hat.

Wenn wir also nun darangehen, die ›Lehre vom irreparablen Schaden‹ wiederzubeleben und uns davon versprechen, sie werde auch ernsthaft angewendet, dann haben wir zu berücksichtigen, dass das, was im Rechtssinn als Verursachung ›irreparablen Schadens‹ etwa in der Ionosphäre – angesichts ihrer Bedeutung für alles Leben – oder im Grand Canyon – angesichts seiner Einzigartigkeit – dargelegt würde, sich jeweils auf normative Urteile gründet, die explizit ausformuliert werden sollten.

Dies legt es nahe, einige – mit gewissen Einschränkungen – absolute Rechte für die Umwelt mit Hilfe einer konstituierenden Liste der ›vorrangigen Objekte‹ zu definieren, in Anlehnung an jene ›vorrangigen Rechte‹, die nach Auffassung einiger Richter dort gegeben sind, wo Menschen betroffen sind.[86] Jeder Schaden, der diesen sorgfältigst zu schützenden Objekten drohen könnte, sollte auf allen staatlichen Ebenen – einschließlich unseres dem Mehrheitsprinzip nicht unterworfenen staatlichen Bereichs: des Gerichtssystems – mit höchster Aufmerksamkeit registriert werden.

Die erwähnten ›konstitutiven Rechte‹ sollten in legislativer und administrativer Hinsicht durchgesetzt werden, etwa durch die Schaffung von Qualitätsrichtlinien für die Umwelt.

Ich habe keine Zweifel, dass auch noch andere Gesichtspunkte ins Blickfeld rücken werden, inwiefern der Umwelt möglicherweise eigene Rechte zukommen. Dies wird umso eher der Fall sein, wenn wir, am Anfang vielleicht noch vage, unbestimmt, hierüber in Begriffen der Innehabung von Rechten zu sprechen beginnen. ›Rechte‹ können auch vorhanden sein, wo dies nicht von vornherein voraussehbar ist.

Anscheinend hat Chief Justice Warren lediglich auf das Offensichtliche hingewiesen, als er in der Entscheidung ›Reynolds ./. Sims‹ feststellte: »Der Gesetzgeber repräsentiert die Bürger und nicht Bäume und Äcker.« Könnte man nicht trotzdem einen bestimmten Verteilungsschlüssel in Erwägung ziehen, der etwa den Wildbestand eines Gebiets in Rechnung stellen würde?[87] Ich empfinde es als irgendwie unbefriedigend, dass Alaska nicht mehr Kongressabgeordnete stellen sollte als Rhode Island, und zwar einfach deshalb, weil es »dort oben in Alaska all diese Bäume und Landschaften, diese Wasserfälle und Wälder« gibt.[88] Ich sage damit nicht etwas so Törichtes wie: Wir sollten die ›Baker ./. Carr‹-Entscheidung ad acta legen und uns von dem System ›jeder Bürger eine Stimme‹ verabschieden zugunsten eines Systems etwa des Inhalts: ›Jeder Mensch oder Baum hat eine Stimme‹. Ebensowenig nehme ich die Position ein, wir sollten jeden Morgen Land in der Weise anrechnen, wie wir früher jeden Sklaven als drei Fünftel eines Bürgers gezählt haben. Aber ich schlage vor, hier keine grundsätzlichen Denkverbote zu sehen. Und schließlich könnte hierum, das heißt zur Klärung des Verteilungsschlüssels bei den Wahlen, auch ein Musterprozess geführt werden, der sich einmal systematisch darum bemühen würde, Repräsentationsrechte für das nicht-menschliche Leben zu berücksichtigen. Und wenn diese Gedankengänge in der Tat einiges für sich haben – ich habe sie hier vor allem aus Gründen der Veranschaulichung diskutiert –, so geht meine Vermutung dahin: Eine Gesellschaft, deren Umweltbewusstsein hinreichend entwickelt ist, um die Umwelt zur Inhaberin von Rechten zu machen, müsste auch in der Lage sein, eine ganze Anzahl von ›Rechten‹ ausfindig zu machen, auf die die Umwelt dann zurückgreifen kann, wenn sie vor die Schranken des Gerichts tritt.

Geht es wirklich nur so und nicht anders?

An dieser Stelle könnte man sich mit guten Gründen fragen, ob nicht ein Großteil des bisher Gesagten ohne den Gedanken hätte verfolgt werden können, Bäume, Flüsse und so weiter hätten Rechte. Man könnte zum Beispiel schlicht und geradeheraus sagen: »Der Kreis der Bürger, die berechtigt sind, gegen die Verunreinigung von Flüssen vorzugehen, sollte über den Personenkreis hinaus erweitert werden, der für sich selbst unmittelbare wirtschaftliche Beeinträchtigungen nachweisen kann« (R1), und »Der Richter sollte bei der Entscheidung über konkurrierende Ansprüche, die an ein Wildnisgebiet herangetragen werden, über die wirtschaftlichen und sogar die ästhetischen Auswirkungen auf den Menschen hinaus nachdenken und in seiner Abwägung die Fürsorge für die bedrohte Umwelt als solche einbeziehen« (R2).

Es stimmt: Die Aussage, Bäume und Flüsse hätten ›Rechte‹, ist für sich genommen noch keine Errungenschaft, der irgendeine selbständige praktische Bedeutung zukäme; ein solcher Satz beinhaltet nicht viel mehr als die Aussage: »Menschen haben Rechte. Um einen konkreten Fall zu lösen, ist man immer zu präziseren und spezielleren Feststellungen gezwungen, in denen der Begriff des ›Rechts‹ genausogut aus dem Wortschatz gestrichen werden könnte.

Aber das bedeutet nicht dasselbe wie etwa eine Aussage des Inhalts, die Einführung des Konzepts von den ›Rechten‹ der Bäume und Flüsse bewirke nicht mehr als die Begründung einer Reihe von speziellen Regeln wie die obengenannten R1 und R2. Meines Erachtens ist es eher irreführend zu behaupten, die Feststellung: »A hat das Recht, dies oder jenes zu tun« könne mit einer Aufreihung einzelner Regelungen beziehungsweise anhand der Methoden, wie aus ihnen in einem Rechtssystem Schlussfolgerungen gezogen werden, vollständig erklärt werden. Denn dies ist nur ein Teil der Wahrheit.

Die Einführung des Konzepts, irgend etwas habe ein ›Recht‹ – allein schon, dass wir so darüber reden –, bringt eine Flexibilität und Offenheit in das Rechtssystem ein, die von keiner Serie speziell aufgestellter Regeln wie R1, R2, R3 ... Rn erreicht werden kann. Zum Teil liegt das daran, dass ›Rechte‹ (und andere sogenannte Rechtsbegriffe wie beispielsweise ›Kleinkind‹, ›Körperschaft‹ beziehungsweise ›juristische Person‹ oder ›angemessene Dauer‹) in der Umgangssprache – zwar vage, aber höchst wirksam – ihre eigene Bedeutung besitzen. Die Kraft dieser Bedeutung, durch unser Denken zwangsläufig noch verstärkt, wird Teil des Kontexts, vor dessen Hintergrund die ›Rechtssprache‹ unserer gegenwärtigen Rechtsnormen ausgelegt wird.[89] Bedenken Sie zum Beispiel die ›Regeln‹, die die Frage entscheiden, wer in welchem Stadium eines Rechtsstreits die Beweislast trägt. Professor Krier hat aufgezeigt, wie außerordentlich wichtig derartige Entscheidungen in Umweltprozessen sind und wie viel Ermessensspielraum den Richtern hier bleibt.[90] Im Fall solcher unbestimmten Regelungen ist es der Kontext, das heißt es sind

Aspekte von Sinn und Zweck, von betroffenen Werten und Zielrichtungen, die bestimmen, wie Rechtsregeln verstanden werden. In einem System, das von der Umwelt als Inhaberin von Rechten spräche, würden nach meiner Vermutung die Richter dazu neigen, die einschlägigen Bestimmungen – vom Standpunkt der Umwelt aus gesehen – weitaus großzügiger zu interpretieren. Das beträfe auch die Beweislastregeln.

Darüber hinaus ist es eine Tatsache, dass Vokabular und Ausdrucksweise, die uns zur Verfügung stehen, unser Denken beeinflussen, wenn nicht gar dirigieren. Es sei nur an die Wirkung erinnert, die die Einführung von Rechtsbegriffen wie ›Motiv‹ *(motive)*, ›Absicht‹ *(intent)* und ›rechtsstaatliches Verfahren‹ *(due process)* gezeitigt hat. Diese Begriffe geben dem Auslegungsrepertoire, das den Richtern verfügbar ist, auf subtile Weise eine andere Richtung. Durch sie können neue Gedankengänge und neue Einsichten aufgespürt und entwickelt werden.[91] Auf diese Weise würden Richter, die ohne Bedenken auf die ›verbrieften Rechte der Umwelt‹ Bezug nehmen könnten, ermutigt, eine funktionsfähige Rechtspraxis zu entwickeln, zum Teil einfach auf Grund der Verfügbarkeit und der Kraft des Vokabulars. Außerdem würde ein derartiger Sprachgebrauch der Gerichte auf allgemein verbreitete Auffassungen Einfluss nehmen, und eine Gesellschaft, die von ›verbrieften Rechten der Umwelt‹ spräche, wäre geneigt, auch im formalen Gesetzgebungsverfahren mehr umweltschützende Vorschriften zu erlassen. Wenn mein Verständnis dieser Einflüsse richtig ist, dann würde die Gesellschaft, in der – wenn auch unbestimmt – der Satz gelte, »Flüsse haben Rechte«, ein anderes Rechtssystem entwickeln als eine, in der diese Bestimmung nicht vorgesehen wäre – auch wenn die beiden Modellgesellschaften in anderer Hinsicht zu Beginn exakt dieselben rechtlichen Regelungen aufwiesen.[92]

IV Die psychischen und sozialpsychologischen Aspekte

Wie wir gesehen haben, gibt es im Recht eine ganze Anzahl von Entwicklungstendenzen, die möglicherweise auf eine Abkehr von der Sichtweise schließen lassen, die Natur existiere für den Menschen. Diese reichen – was zum Beispiel die Klagebefugnis und die Beweislastvorschriften angeht – von für Umweltschutzgruppen zunehmend günstigen Gerichtsentscheidungen bis zur Verabschiedung von einsichtsvollen Gesetzgebungsmaßnahmen wie dem ›National Environmental Protection Act‹ und dem weitsichtigen ›Michigan Environmental Protection Act‹ von 1970. Allerdings lässt sich über diese Entwicklungstendenzen auch feststellen, dass es nicht die Umwelt per se ist, auf die wir zu achten beginnen; vielmehr zielt die geschärfte Bewusstheit der Bürger darauf, hinsichtlich der möglichen Langzeitfolgen, von denen sie selbst betroffen wären, eine Schädigung der Umwelt schon in ihren Anfängen zu unterbinden. Und das ist nur ein Teil der Wahrheit. Denn sogar der weitreichende ›National

Environmental Protection Act‹ spricht sich – in seiner präambelartigen ›Deklaration der nationalen Umweltpolitik‹ – sowohl für die »Wiederherstellung und Aufrechterhaltung der Umweltqualität im Interesse des allgemeinen Wohls und der Entwicklung der Menschheit« aus als auch dafür, »Bedingungen« herzustellen und aufrechtzuerhalten, »unter denen Mensch und Natur in produktiver Harmonie leben können«.[1] Und weil Gesundheit und Wohlergehen der Menschheit von der Gesundheit der Umwelt abhängen, werden sich die beiden Ziele so häufig wechselseitig fördern, dass man auf die Entscheidung verzichten kann, ob unsere grundlegende Handlungsmaxime darin liege, ›unser‹ Fortkommen zu betreiben oder das eines neuen ›Wir‹, das die Umwelt mit einschlösse. Man nehme beispielsweise den ›Federal Insecticide, Fungicide, and Rodenticide Act‹ (FIFRA), der darauf insistiert, Pestizide und anderes müssten eine Warnung enthalten, um »Schäden an lebenden Menschen und anderen Wirbeltieren, Pflanzen und nützlichen wirbellosen Tieren zu verhüten«.[2] Ein derartiger Hinweis reflektiert zweifellos die Erkenntnis, dass der Schutz des Menschen am besten durch die Verhütung gefährlicher Schadstoff-Ansammlungen in der Nahrungskette gewährleistet wird. Seine Aufnahme in das Gesetz deutet aber weder notwendigerweise auf weitreichenden Bewusstseinswandel hin, noch stellt sie die in der Öffentlichkeit verbreitete Auffassung grundsätzlich in Frage.

Aber es ist an der Zeit, um sich Gedanken darüber zu machen, ob nicht einige der menschlichen Anliegen zugunsten der Belange der Natur zurückzustellen sind. Bedenken Sie beispielsweise den Streit darüber, ob man Wildnisgebiete vor einer Entwicklung bewahren sollte, die sie einer immer größeren Zahl von Besuchern zugänglich machen würde. Ich selbst habe das Gefühl, nicht aufrichtig zu sein, wenn ich den Standpunkt der

Umweltschützer im Sinn eines utilitaristischen Kalküls rationalisiere. Das ginge mir aber auch so, wenn man dabei zukünftige Generationen mitberücksichtigte: Man würde in diesem Fall mit der (utilitaristischen) Definition des ›Guten‹ ein nicht ganz sauberes Spiel treiben. Wer für das Betreiben weiterer Bau- und Erschließungsvorhaben eintritt, hat dann die stärkeren Argumente – zumindest erzwingt er von den Umweltschützern ein Stillhalten –, wenn er vom Standpunkt des größtmöglichen Nutzens für eine möglichst große Anzahl von Bürgern ausgeht. Dasselbe gilt hinsichtlich der Argumente für die Erhaltung ›nutzloser‹ Tierarten, wie im obengenannten Beispiel mit den Seeigeln. Sicher ist, dass wir nie werden vorhersagen können, was sich in einer ungewissen Zukunft als nützlich erweisen wird. Um also uns selbst zu schützen, sollten wir jetzt konservativ sein bei der Behandlung der Natur.

Diesen Aussagen der Umweltschützer kann ich eigentlich nur zustimmen. Wenn sie aber andere Argumente ganz unter den Tisch fallen lassen oder den Erholungswert der Natur herausstreichen – wenn sie die anthropozentrische Sichtweise also immer wieder bestärken, dann stimmt dieses Schauspiel doch etwas traurig. Man spürt, dass diesen Argumenten sogar die Überzeugung derer fehlt, die sie lautstark propagieren. Ich vermute, sie wollen im Grunde etwas weniger Egozentrisches sagen, sie wollen eher ihrem Mitempfinden Ausdruck geben. Aber die in unserer Gesellschaft vorherrschenden, sanktionierten Formen der Auseinandersetzung sind wohl noch nicht so weit.

Ich bin mir sicher, es muss auch Abolitionisten (Gegner der Sklaverei) gegeben haben, die, diesem Schema folgend, ihren Standpunkt damit begründet haben, durch die Abschaffung der Sklaverei sei mehr Arbeitsleistung aus den Schwarzen herauszuholen. Holdsworth sagt über die ersten englischen Juden,

64 sie seien, »obwohl als eine Spezies der ›herrenlosen Sachen‹ *(res nullius)* angesehen [...] wegen ihres Gewinnstrebens von Wert [...] gewesen. Und aus diesem Grund nahm die englische Krone sie unter ihren Schutz.«[3] (Noch heute werden Geschäftsleute in Positionen gedrängt, wo sie darauf pochen müssen, ethisch gebotene, aber möglicherweise unprofitable Handlungen kämen ›der Reputation der Firma zugute‹ und wirkten sich insofern ›günstig auf die Gewinne‹ aus.[4])

Ich für meinen Teil würde das klare Eingeständnis vorziehen, dass schon Verbesserungsmaßnahmen im ästhetischen Bereich ›uns‹ etwas kosten, das heißt unseren Lebensstandard, gemessen an den heutigen Werten, reduzieren. Allerdings provoziert diese Art Freimut auch eine offene Entgegnung – eine, die ich von meinen Kollegen zu hören bekomme, und die auch vielen meiner Leser kommen wird. Angesichts der Tatsache, dass mein Vorschlag nicht schlichtweg eine schön ausformulierte rechtliche Fiktion ist, sondern letztlich auf ein Zurückstellen eigener zugunsten fremder Interessen hinausläuft, fragt man sich: »Warum sollten ›wir‹ ›uns‹ darauf einlassen? Was springt für ›uns‹ dabei heraus?«

Ich bin durchaus gewillt, auf diese Frage eine Antwort zu geben – allerdings erst, nachdem ich mir ein paar Betrachtungen darüber erlaubt habe, wie verdreht sie im Grunde ist. Sie verlangt nämlich von mir, meinen Standpunkt in gerade jenen anthropozentrischen, hedonistischen Begriffen zu rechtfertigen, deren Veränderung ich ja im Auge habe. Man ist versucht, mit einer Gegenfrage zu antworten: »Könnten Sie – als Weißer – nicht dieselbe Frage stellen, wenn es um die Aufgabe Ihres gegenüber den Schwarzen privilegierten Rechtsstatus geht?« Oder: »Könnten Sie – als Mann – nicht dieselbe Frage stellen, wenn es um die Aufgabe Ihrer privilegierten Stellung gegenüber den Frauen geht?« Diese Entgegnungen scheinen allerdings nicht mehr Verständnis aufzubringen als die Ausgangsfrage selbst. (Sie haben einen nörglerischen Beiklang nach dem Motto: »Du bist auch nicht besser«). Worauf die oben gestellte Frage nach dem Gegenwert in der Tat hindeutet, ist ein grundlegendes Problem, das das Wesen des Argumentierens in der Philosophie betrifft. Man rufe sich ins Gedächtnis, dass zum Beispiel Sokrates, den wir als Gegner des hedonistischen Denkens kennen, den Thrasymachos des Irrtums überführt, indem er argumentiert, ein unmoralischer Lebenswandel mache zutiefst unglücklich. Kant, dessen philosophische Ethik auf dem kategorischen Imperativ fußt – »Schmach über den, der sich durch die Schlangengänge des Utilitarismus windet«[5] –, kommt nicht umhin, Aufrichtigkeit und das Einhalten von Versprechungen mit den weltklügsten – und man könnte fast sagen, mit den ›kommerziellsten‹ – Begründungen[6] zu rechtfertigen. Diese ›Ironie der Philosophie‹ – wie Professor Engel das nennt – mag daher rühren, dass den Aussagen der Ethik ein besonderer Charakter eigen ist.[7] »Ethik kann nicht in Worte gefasst werden«, formuliert Wittgenstein – derartige Dinge »machen sich selbst manifest«.[8]

Andererseits ist es vielleicht in Wahrheit so, dass in jeder Argumentation, die darauf gerichtet ist, einen Menschen zu einer Handlung zu überreden – ob nun auf ethischer oder auf anderer Grundlage –, ›Logik‹ bestenfalls ein Instrument ist, um Standpunkte klarzumachen. Letztlich läuft sie aber wohl auf einen ›psycho-Iogischen‹ Appell an das Eigeninteresse des Adressaten hinaus, das dann den Gang der Dinge bestimmt, unabhängig davon, wie ›prinzipiell‹ die Rhetorik auch sein mag.

Vorbehaltlich des Stellenwerts, der den anschließenden Überlegungen zukommt, möchte ich betonen, dass für die Verleihung von Rechten an die Umwelt am stichhaltigsten dann argumentiert werden kann, wenn Vorteile für den Menschen daraus erwachsen.

Wissenschaftler haben immer vor den Krisen gewarnt, die auf die Erde und auf alle Menschen zukommen werden, wenn wir keinen radikalen Umschwung herbeiführen. Und diese Krisen lassen den verlorenen ›Erholungswert‹ von Flüssen absolut trivial erscheinen. Die Erdatmosphäre wird von wirklich angsteinflößenden Möglichkeiten bedroht: die Filterung des Sonnenlichts, von der der gesamte Lebenszyklus abhängt, wird möglicherweise verringert; die Ozeane erwärmen sich womöglich und bringen – unter Verstärkung des ›Treibhauseffekts‹ der Erdatmosphäre – die polaren Eiskappen zum Schmelzen, was zum Untergang der großen Küstenstädte führen würde; jener Anteil der Erdatmosphäre, der uns vor gefährlicher Strahlung abschirmt, wird möglicherweise zerstört. Der Ozeanforscher Jacques Cousteau hat in einer Rede vor dem Kongress vorhergesagt, dass die Ozeane auf ihren Tod zusteuern: »Der Zyklus des Lebens ist auf eine komplizierte Art mit dem des Wassers verknüpft. Das System des Wassers muss am Leben erhalten werden, wenn wir auf der Erde am Leben bleiben wollen.«[9] Wir erschöpfen unseren Vorrat an Lebensmitteln und Energie derart unmäßig, dass nicht einmal auf die Bedürfnisse der derzeit lebenden Menschen nennenswert Rücksicht genommen wird.

Die Lösung dieser Probleme wird nicht leicht sein. Sehr wahrscheinlich können sie – wenn überhaupt – nur bewältigt werden durch die Bereitschaft der sogenannten entwickelten Nationen zum Verzicht auf – am heutigen Stand gemessen – weitere Zuwachsraten des Lebensstandards sowie durch eine Stabilisierung der Weltbevölkerung. Für einige von uns wird das Einbußen an materiellem Wohlstand bedeuten. Für andere läuft diese Aussicht darauf hinaus, die Hoffnung aufgeben zu müssen, eines Tages einmal über heißersehnte Luxusgüter verfügen zu können. Für alle wird es die Konsequenz haben, auf das Recht verzichten zu müssen, nach Belieben Kinder zeugen zu können. Dennoch ist die Realisierung eines derartigen Programms nicht von vornherein ausgeschlossen. Ein Großteil des sogenannten materiellen Komforts bedeutet nicht nur eine Übersteigerung der biologischen Bedürfnisse – er steht diesen sogar diametral entgegen.

Außerdem werden die Kosten, die den entwickelten Nationen entstehen, nicht so gewaltig sein, wie es anhand der Zahlen des Bruttosozialprodukts den Anschein hat. Das Bruttosozialprodukt spiegelt die gesamten gesellschaftlichen Einkünfte wider, ohne die sozialen Kosten in Rechnung zu stellen, die zum Zweck der Erzielung dieser Einkünfte aufgewandt werden müssen, also beispielsweise die Verluste aufgrund der Erschöpfung der Rohstoffquellen, der Umweltverschmutzung et cetera. Wie bereits dargelegt: Wenn Nationen einen immer höher ›entwickelten‹ Status erreichen, wird der real spürbare Nutzen pro zusätzlichem Dollar des Bruttosozialprodukts immer geringer.[10] Insofern wäre der Verzicht auf ›menschlichen Fortschritt‹ gar nicht so kostspielig, wie es auf den ersten Blick scheint.

Nichtsdestoweniger müssen wir uns angesichts derart weitreichender gesellschaftlicher Veränderungen auf ein ernsthaftes Überdenken unserer Einstellungen gegenüber der Umwelt einlassen. Ich sage das in voller Kenntnis dessen, dass in dieser Angelegenheit mehr als nur eine Kleinigkeit im Argen liegt. Und ich frage mich: Lässt sich überhaupt von so etwas wie dem allgemeinen Bewusstheitszustand ausgehen? Wenn ja, wie sieht unser Bewusstsein gegenüber der Umwelt eigentlich aus? Ist es, im kausalen Sinn, verantwortlich für den derzeitigen materiellen Zustand? Sollten wir unsere Einstellungen verändern?

Und wenn ja: in welche Richtung genau, und warum? Wie, wenn überhaupt, könnte sich eine Bewusstseinsveränderung in einer greifbaren Reform der Institutionen niederschlagen? Nicht eine einzige Antwort auf diese Fragen wird zur allgemeinen Zufriedenheit ausfallen. Es herrscht heute die Auffassung vor, der gegenwärtige Zustand – dies gilt jedenfalls für den Westen – gehe auf die Vorstellung zurück, die Natur sei der dem Menschen überlassene Herrschaftsbereich; und diese Haltung wiederum lasse sich von unseren religiösen Traditionen ableiten.

Wo die geistesgeschichtlichen Ursprünge auch liegen mögen – das Judentum jedenfalls ist in seinen schriftlichen Aussagen relativ eindeutig; diese wurden nahezu unverändert vom Christentum aufgenommen, dann im Humanismus ergänzt und erweitert, und schließlich zur selbstverständlichen Haltung des westlichen Menschen gegenüber Natur und Umwelt. Danach ist allein der Mensch göttlichen Ursprungs. Allen anderen Lebewesen kommt eine geringere, zu vernachlässigende Bedeutung zu. Dem Menschen ist die Herrschaft über alle Dinge und Kreaturen in die Hand gegeben. Ihm ist anbefohlen, sich die Erde untertan zu machen.

Diese Umwelt wurde von einem Menschen geschaffen, der glaubte, der Kosmos sei eine Pyramide, errichtet, um ihm, dem Menschen, an ihrer Spitze zu dienen; die Wirklichkeit existiere nur, weil der Mensch sie wahrnehmen könne; Gott sei in der Vorstellung des Menschen geschaffen worden, und die gesamte Welt bestehe lediglich aus einem Dialog zwischen den Menschen. Mit Sicherheit ist dies ein unerträglicher Infantilismus.

Es ist das Erbe einer gänzlich unlogischen Vergangenheit, als einige wenige Menschen einer Welt, die sich weder um sie kümmerte noch ihnen zuhörte, lauthals ihre Überlegenheit verkündeten. – Man wünscht sich geradezu einen Psychiater, der dem Menschen bescheinigen möge, sein tiefsitzendes kulturelles Unterlegenheitsgefühl sei weder einleuchtend noch angemessen. Es ist wirklich nicht nötig, die Natur zu zerstören, um Gottes Gunst oder seine ungeteilte Aufmerksamkeit zu erlangen.[11]

Das ist pointiert formuliert, überzeugt aber nicht vollends als Erklärung, wie wir dorthin gekommen sind, wo wir heute stehen. Man könnte sich, wollte man intellektuelle Einflüsse für den gegenwärtigen Stand der Dinge verantwortlich machen, ebensogut an Darwin halten wie an die Bibel. Alles in allem waren es nämlich Darwins' Ansichten – teilweise durch Herbert Spencers' Brille gesehen –, die die moralische Rechtfertigung für Kampf, Wettstreit und Herrschaft geliefert haben. Durch die Hervorhebung, die menschliche Entwicklung sei das Ergebnis von Zufälligkeiten, bewirkte Darwin, ob mit Absicht oder nicht, dass uns ein Bewusstsein von der wechselseitigen Abhängigkeit aller Dinge in der Natur verlorenging. Im übrigen – darauf weist Professor Murphy hin – hatte die spirituelle Haltung der Chinesen und Indianer »im Sinn einer Einheit von Mensch und Natur, der Herstellung eines Gleichgewichts zwischen dem Menschen und seiner Umwelt, keine nachhaltigere Wirkung als die entgegengesetzte europäische Einstellung«. Er macht deutlich, dass in China – ungeachtet des Tao – »ständig eine rücksichtslose Abholzung der Wälder stattfand«.[12] Und ich habe den Eindruck, dass, entgegen der stets herausgekehrten ›Harmonie‹ der Prärieindianer mit der Natur, sich deren Jagd auf den Büffel mit der Verfügbarkeit von Jagdgewehren entsprechend dem damit geschaffenen neuen technologischen Potenzial ausgeweitet hat.[13]

Tatsache ist, dass Erklärungen, die mit dem ›Bewusstsein‹ argumentieren, die Tendenz in sich tragen, allzu schnell über eine weniger negative, aber unkompliziertere Betrachtung der Situation hinwegzuspringen: Dass es nämlich eine steigende Zahl von Menschen mit steigenden Bedürfnissen gibt und eine sich immer weiter entwickelnde Technologie, um diese Bedürfnisse ›auf Kosten‹ des Rests der Natur zu befriedigen. Insofern sollten wir nicht allzu viele Hoffnungen auf ein gewandeltes Umweltbewusstsein setzen – es werde, quasi aus sich selbst heraus, die gegenwärtig wirkenden Trends umkehren. Im Übrigen haben die Gesellschaften schon lange den Punkt überschritten, an dem uns ein Wandel des menschlichen Bewusstseins, egal in welcher Sache, aus unseren Problemen noch würde retten können. Denn mehr als jemals zuvor sind wir in den Händen von Institutionen, und diese Institutionen sind nicht lediglich ›rechtliche Fiktionen‹: Sie entwickeln regelrechte Willenstätigkeit, haben ein Bewusstsein, Zielvorstellungen und eine gewisse Art von Beharrungsvermögen – Eigenschaften, die ihnen wesentlich sind und die Veränderungen im Bewusstsein der einzelnen Menschen, welche ihnen angehören beziehungsweise bei ihnen Dienst tun, überdauern beziehungsweise überschreiten können. Es ist ja letztlich mehr und mehr der einzelne Mensch, mit seinem Bewusstsein, der sich als rechtliche Fiktion herausstellt.[14]

Aus diesen Gründen ist es wohl bei Weitem zu vordergründig, allein – oder auch nur in erster Linie – ein westliches ›Umweltbewusstsein‹ für die Umweltkrise verantwortlich zu halten. Andererseits ist aber auch die Feststellung nicht übertrieben, das aktuelle Umweltbewusstsein habe unseren Unmut gedämpft und unsere Entschlossenheit zu reagieren gemindert. Aus diesem Grund hängt unsere Fähigkeit, die erforderlichen institutionellen Veränderungen sowie diejenigen im Bevölkerungswachstum herbeizuführen, zu einem Gutteil davon ab, ob sich ein radikaler Wandel in unserer Einstellung darüber vollzieht, welchen Platz ›wir‹ innerhalb der restlichen Natur einnehmen.

Eine radikal neue Konzeption der Beziehung des Menschen zum Rest der Natur wäre nicht bloß ein Schritt auf dem Weg zur Lösung der materiellen Probleme dieses Planeten. Es gibt auch vom Standpunkt einer ethischen Weiterentwicklung des Menschen eine Reihe von Gründen für einen Bewusstseinswandel in diesem Sinn. Wenn wir hier einen Augenblick innehalten und uns einmal die zugrundeliegenden menschlichen Eigenschaften anschauen, die durch unsere derzeitige Haltung gegenüber Eigentum und Natur hervorgerufen und noch verstärkt werden, dann muss es uns doch wie Schuppen von den Augen fallen, wie sehr diese Haltungen, wenn sie uns beherrschen, unser persönliches Wachstum und unseren Seelenfrieden sabotieren. Hegel spiegelt in seiner ›Rechtfertigung‹ des Privateigentums unbeabsichtigt die Färbung und die Qualität einiger der Bedürfnisse wider, die hier eine Rolle spielen:

»Die Person hat das Recht, in jede Sache ihren Willen zu legen, welche dadurch die meinige ist, zu ihrem substantiellen Zwecke, da sie einen solchen nicht in sich selbst hat, ihrer Bestimmung und Seele meinen Willen erhält, – absolutes Zueignungsrecht des Menschen auf alle Sachen.«[15]

Was in uns ist es, das uns mit Notwendigkeit dahin treibt, nicht bloß grundlegende biologische Bedürfnisse zu befriedigen, sondern darüber hinaus unseren Willen auf Dinge auszudehnen, sie zu Objekten, sie zu den unseren zu machen, sie zu manipulieren und auf einer Art psychologischen Distanz zu halten? Kann man dies alles auf ›rationaler‹ Grundlage erklären? Wäre es nicht ratsam, derartigen Bedürfnissen gegenüber misstrauisch, vorsichtig zu sein, gerade was die Frage angeht, warum wir ihnen nachkommen wollen? Als ich diese Hegel'sche Passage zum ersten Mal las, musste ich nicht nur an den emotionalen

Kontrast zu Spinoza denken, sondern auch an einen Abschnitt in Carson McCullers Roman »Ein Baum. Ein Fels. Eine Wolke«, in der ein alter Vagabund ein Gespräch mit einem zwölfjährigen Jungen in einem Straßenbahncafé führt. Der alte Mann fragt, ob der Junge wisse, »wie Liebe ihren Anfang nehmen sollte«:

> Der alte Mann beugte sich näher heran und flüsterte: »Ein Baum. Ein Felsen. Eine Wolke.« [...] »In Portland war das Wetter wie heute«, erzählte der alte Mann. »Damals fing ich mit meinem System an. Ich meditierte; und ich ging ganz behutsam vor. Ich brachte irgendetwas von der Straße mit nach Hause. Ich kaufte einen Goldfisch und konzentrierte mich auf den Goldfisch und liebte ihn. Und so stieg ich von einer Stufe zur nächsten. Tag für Tag habe ich mich darin geübt [...] Sechs Jahre bin ich nun ganz allein herumgezogen und hab mein System. Und jetzt bin ich darin Meister geworden. Ich kann alles lieben. Ich brauche nicht mehr darüber nachzudenken. Ich sehe eine Straße mit vielen Menschen, und ein schönes Licht erfüllt mich. Ich beobachte einen Vogel in den Lüften. Oder ich begegne einem Wanderer auf der Landstraße – einerlei, was und wer es ist. Alles ist fremd und alles liebe ich. Begreifst du, was ein System wie meins bedeuten kann?«[16]

Die Fähigkeit, jene Sichtweise hinter sich zu lassen, die die Natur für eine Ansammlung nutzloser Gegenstände hält, hat, wie McCullers' »Verrückter« zeigt, in einem tieferen Sinn mit der Entwicklung der Liebesfähigkeit zu tun oder – um es mit einem weniger starken Wort auszudrücken – mit der Fähigkeit, eine erweiterte Wahrnehmung der eigenen Entwicklungsmöglichkeiten und der der anderen zu verwirklichen. Auf dem Weg dorthin werden wir nicht umhin können, ein Gutteil der psychischen Disposition aufzugeben, im Universum als abgetrennte, einzigartige Lebewesen dazustehen. Und dies wiederum ist ein mühseliges Unterfangen, weil es uns in eine ›Flucht zurück‹ verwickelt, und zwar hinein in frühere Stadien der Zivilisation und der Kindheit – Stadien, in denen wir uns auf die Umwelt verlassen – beziehungsweise sie fürchten – mussten, denn wir hatten nicht die Macht, sie zu bewältigen. Aber indem wir auf diesem Weg weitergehen, lösen wir uns – und zwar wir als Einzelpersonen – von unserem Angewiesensein auf – allerdings hilfreiche – Illusionen. War dies nicht einer der Triumphe, die bei der Verleihung beziehungsweise Anerkennung der Rechte der Schwarzen und der Frauen zu verzeichnen waren?[17]

Diese Art von Veränderung des Bewusstseins sind schon im Begriff sich zu entwickeln, zum Nutzen des Planeten und unserer selbst. Es gibt nun beispielsweise ein US-Bundesgesetz, das eine ›humane Ethik‹ als verbindlich vorschreibt[18], wonach nämlich »den Tieren die grundlegenden Voraussetzungen einer adäquaten Unterbringung, ausreichend Futter und Wasser, angemessene Behandlung, ordentliche Hygiene, Belüftung, Schutz vor Witterungseinflüssen, tierärztliche Versorgung einschließlich entsprechender Anwendung von schmerzstillenden Mitteln zu gewähren ist«.[19]

Zu dieser und ähnlichen Entwicklungen hat sicherlich die Erfahrung des Vietnamkriegs beigetragen. Vor fünf Jahren verbreitete eine Mutter aus Los Angeles ein Plakat, auf dem zu lesen war: »*War is not healthy for children and other living things!*« – »Krieg ist ungesund für Kinder und andere Lebewesen!«[20] Es hat enormen Anklang gefunden, und ich vermute, in erster Linie deshalb, weil es zunächst einmal wie ein zusätzlicher, raffinierter Protest gegen den Krieg klang, das heißt ›eine Wichtigtuerei mehr‹. Aber sobald die Leute derartige Sachen aussprechen und dann darüber nachdenken, wird das Potenzial dessen, worüber

sie gestolpert sind, wirksam [...] In seinem Verfahren gegen das Landwirtschaftsministerium wegen der Streichung des DDT aus der Liste der zulässigen Chemikalien hat der Environmental Defense Fund auf »biologische Schäden an Menschen und anderen Lebewesen«[21] abgestellt.

Noch vor einigen Jahren wurde die Wasserverunreinigung lediglich als Frage übelriechenden, schmutzigen, nicht trinkbaren Wassers gesehen, also allein aus dem menschlichen Blickwinkel. Nun beginnen wir aber zu entdecken, dass diese Art der Umweltverschmutzung einen Prozess beschreibt, in dem erstaunlich subtile Balancen des Lebens im Wasser und zwischen Wasser und Land zerstört werden. Diese erhöhte Aufmerksamkeit erweitert unser Gespür für die Gefahren, die uns drohen. Und sie erweitert unser Einfühlungsvermögen. Wir entwickeln nicht nur wissenschaftliche Möglichkeiten weiter, sondern auch die in uns liegenden Fähigkeiten, jene Umstände anzuerkennen, in denen die Natur ist wie ›wir‹ selbst – es ist der gleiche geschichtliche Prozess, der schon früher mit der rechtlichen Aufwertung der Frauen, der Schwarzen, der Indianer und der Ausländer stattfand. (Und wir werden in der Lage sein, auf realistischere Weise das zu definieren, zu erkennen, wertzuschätzen und mit dem zu leben, was uns voneinander unterscheidet.)[22]

Die Zeit wird kommen, in der diese Gedanken und die ersten Veränderungen des Rechts in einer radikal neuen Theorie oder in einem Mythos von den Beziehungen des Menschen zur restlichen Natur – gefühlt und verstanden – zusammengefasst werden können. ›Mythos‹ meine ich dabei nicht in einer abwertenden Wortbedeutung, sondern in dem Sinn, wie in verschiedenen Phasen der geschichtlichen Entwicklung unsere sozialen Bedingungen verstanden und integriert wurden unter Berufung eben auf ›Mythen‹ – wir seien Mitunterzeichner eines Gesellschaftsvertrags; der Papst sei Stellvertreter Gottes auf Erden; alle Menschen seien gleich ...

Pantheismus, Shinto und Tao, alle arbeiten sie mit Mythen. Aber alle drei sind sie, auf je eigene Art, obskur, primitiv, archaisch. – Was fehlt, ist ein Mythos, der unseren wachsenden Wissensstand auf dem Gebiet der Geophysik, der Biologie und des Kosmos insgesamt erfasst. Es erscheint mir in diesem Zusammenhang nicht zu abwegig, dass wir die Erde als einen einzigen Organismus ansehen, innerhalb dessen die Menschheit ein funktionaler Teil ist – vielleicht ist sie dessen Geist. Die Menschheit unterscheidet sich vom Rest der Natur, aber etwa in der Weise, wie sich das menschliche Gehirn von den Lungen unterscheidet.

> Seit dem geophysikalischen Jahr haben internationale wissenschaftliche Studien unumstößlich bewiesen, dass die Erde als Ganzes ein organisiertes System von eng miteinander verflochtenen und wechselseitig abhängigen Aktivitäten ist. Sie ist im wahrsten Sinn des Worts ein ›Organismus‹. Was ihr Überleben angeht, sind sowohl die einzelnen Lebensbereiche und die vielen Pflanzen- und Tierarten in einem genau ausbalancierten Modus einer weltweiten Existenz voneinander abhängig. Sie hängen von ihrer jeweiligen Umgebung ab, bedingt etwa durch die Strömungen des Meeres und der Erdatmosphäre, und mehr noch durch die schützenden Eigenschaften der Ionosphäre und die vielen anderen Faktoren, deren Funktionieren durch einen ausgeprägten wiederkehrenden Rhythmus bestimmt werden. Die Menschheit ist ein Teil dieses organischen, weltweiten Ganzen, und es kann keine wahrhaft neue planetarische Gesellschaft geben – und beim gegenwärtigen Stand der Dinge möglicherweise

überhaupt keine menschliche Gesellschaft mehr –, wenn der Mensch nicht erkennt, akzeptiert und sogar begrüßt, dass er eine ganz bestimmte Aufgabe innerhalb dieses planetarischen Organismus zu erfüllen hat.

Um den Aktivitäten der menschlichen Gesellschaft(en) weltweit eine konstruktive Bedeutung zu geben, sollten diese Aktivitäten – sowohl die geistigen wie auch die physischen – verstanden werden in ihrem Bezug zum ganzheitlichen Funktionieren der gesamten Erde – und wir sollten hinzufügen: des gesamten Sonnensystems. Dies kann nicht geschehen, (1) wenn der Mensch daran festhält, sich selbst als eine ›fremde Seele‹ zu begreifen, zur Inkarnation auf diesem Planeten gezwungen, und (2) wenn wir in dieser Erde nichts erblicken als eine Anhäufung materieller Substanzen, bewegt von den Gesetzen der Mechanik – und im ›Leben‹ nichts als eine zufällige Kombination molekularer Verbindungen.

So, wie ich es sehe, ist die Erde – und dies trifft auch auf die menschliche Person zu – lediglich ein organisiertes ›Feld‹ von Aktivitäten, aber diese Aktivitäten finden auf verschiedenen Ebenen statt, in den verschiedenen ›Sphären‹ des Seins und den verschiedenen Bewusstseinsbereichen. Die Lithosphäre ist nicht die Biosphäre, und letztere ist nicht die Ionosphäre. Die Erde ist nicht nur eine Masse von Materie. Bewusstsein ist nicht auf den Menschen beschränkt; es existiert auf tierischen und pflanzlichen Ebenen und ist höchstwahrscheinlich auch (latent, in irgendwelcher Form) in Molekülen und Atomen vorhanden. Und all diese verschiedenen, in gewisser Weise hierarchisch angeordneten Aktivitäts- und Bewusstseinsformen sollten als durch ein allumfassendes ›äonisches‹, planetarisches Bewusstsein integriert und möglicherweise transzendiert aufgefasst werden.

Die Funktion der Menschheit innerhalb des Erdorganismus liegt darin, aus all den verschiedenen Aktivitäten der operativen Systeme innerhalb dieses Organismus jene Art des Bewusstseins zu extrahieren, welches wir ›reflexives Bewusstsein‹ oder ›Bewusstsein des Selbst‹ nennen, oder wir könnten es auch so ausdrücken: all das, was sich im ›Feld‹ der Erde ereignet, zu ›mentalisieren‹, ihm einen Sinn zu verleihen, es zu bewerten und zu benennen.

Dieser Prozess der ›Mentalisierung‹ wirkt durch das, was wir ›Kultur‹ nennen. Jeder Region, jedem System von Lebensbedingungen entspricht inhärent ein bestimmter Typus von Kultur. Jede dieser Regionen ist der ›Mutterleib‹, aus dem heraus ein spezifischer Typus menschlicher Mentalität und Kultur entstehen kann und früher oder später entstehen wird. All jene Kulturen – der Vergangenheit, der Gegenwart und der Zukunft – in ihren komplexen Interdependenzen und Interaktionen – sind die kollektiven Erbauer des Geists der Menschheit: des bewusstgewordenen Geists der Erde.[23]

So radikal ein derartiges Bewusstsein heutzutage auch anmuten mag: Alle wesentlichen Veränderungen, die bevorstehen, weisen in diese Richtung. Bedenken Sie allein die Konsequenzen der Weltraumfahrt, der weltweiten Massenmedien, der ständig wachsenden Flut wissenschaftlicher Entdeckungen zur allumfassenden Verbundenheit aller Lebensprozesse. Wen wundert es da, dass der Begriff ›Raumschiff Erde‹ derart in das Bewusstsein der Allgemeinheit gedrungen ist? Die Probleme, denen wir ins Auge zu sehen haben, sind in steigendem Maß weltweite Krisen eines globalen Organismus: Es geht nicht um die Verunreinigung eines Wasserlaufs, sondern um die der Atmosphäre und des ganzen Meers. Und in zunehmendem Maß ist die Vorstellung vom Tod, die das Bewusstsein des einzelnen

Menschen besetzt hält, nicht (mehr) die des individuellen Sterbens, sondern die des Sterbens des gesamten Lebenszyklus dieses Planeten, für den jeder Einzelne nicht mehr ist als das, was eine einzelne Zelle für den Körper bedeutet.

Von solch erhabenem Gedankenflug wie der Planetarisierung des Bewusstseins zur Arbeitsweise des lokalen munizipalen Rechtssystems überzuwechseln, ist ein harter Absturz auf den Boden der Tatsachen. Angesichts der hier wirkenden Kräfte sind unsere höchsten gerichtlichen Instanzen doch recht zerbrechliche und schwache, das heißt ausgesprochen menschliche Institutionen. Die Gerichtsbarkeit mag, was ihre Entscheidungen betrifft, nicht auf dem höchstmöglichen Stand sein, aber ihre wirkliche Aufgabe ist, und hier ist sie in der Tat auf den Plan gerufen, folgendes: die besten, großzügigsten und wertvollsten Ideen, die der menschliche Geist erdacht hat, in die Pflicht zu nehmen, um ihnen Form, Realität und Legitimität zu verleihen.[24] Verfolgen Sie dies anhand der sogenannten Schul-Desegregations-Fälle, in denen die Rassentrennung an den Schulen aufgehoben wurde: Wichtiger als die Integration der Schulen – ich gehe hier einfach einmal davon aus, diese habe wirklich stattgefunden – war, dass hier moralisch Gebotenes aufgezeigt wurde, das, einmal sichtbar gemacht, nicht weiterhin beiseitegeschoben werden konnte.

Und so sieht sich der Oberste Gerichtshof vielleicht auch im Fall der Umwelt in die Lage versetzt, Rechtspositionen zu begründen, die dann eine Veränderung im allgemeinen Bewusstsein bewirken werden. Um es genau zu sagen: Es wäre im Grund nur eine recht bescheidene Bewegung nach vorne, aber eine auf dem Weg zu einem großen Ziel, der Zukunft unseres Planeten.

Wie weit wir heute noch von einem Zustand entfernt sind, in dem das Recht die ›Objekte der Umwelt‹ als Inhaber verbriefter

Rechte behandelt, kann ich nicht sagen. Aber in einem der letzten *dissents*[25] von Richter Black finden sich durchaus interessante Formulierungen. Es ging dort um den Plan des Highway Department von Texas, eine sechsspurige Schnellstraße durch einen Park der Stadt San Antonio zu führen.[26]

In seiner Kritik an der Weigerung des Gerichts, diesen Plan zu verhindern, führt der überstimmte Richter Black aus: »Nach der heutigen Entscheidung werden die Bürger von San Antonio sowie die Tiere und Vögel, die in dem Park heimisch sind, ihr ruhiges Rückzugsgebiet mit einem hässlichen, stinkenden Verkehrsstrom zu teilen haben [...] Bäume, Sträucher und Blumen werden niedergemacht werden.«[27] An anderer Stelle spricht er von der »Beerdigung der öffentlichen Parks«, von Highwayabschnitten, die »Parkland verschlingen« sowie vom »Herzstück des Parks«.[28] Stand er, am Ende seiner großen Laufbahn, kurz vor der Feststellung, die Natur habe, zu ihrem eigenen Nutzen, Rechte inne? Wäre es denn so schwer, diesen Schritt zu vollziehen?

Anhang

Anmerkungen

I Das Undenkbare

1 Charles Darwin, Descent of Man. [2]1874, S. 119 ff.; dt. Die Abstammung des Menschen, Stuttgart [4]1982, S. 158 f. Vgl. auch R. Waelder, Progress and Revolution, 1967, S. 39.

2 Siehe Darwin, a. a. O., dt. Ausg. S. 148: »Kein Stamm könnte ferner mehr zusammenhalten, wenn Mord, Raub, Verrat an der Tagesordnung wären. Folglich werden solche innerhalb eines Stammes ausgeführte Verbrechen mit ewiger Schmach gebrandmarkt, obgleich sie jenseits dieser Grenze nicht unter dieses Urteil fallen. Ein nordamerikanischer Indianer ist sehr mit sich zufrieden und findet den Beifall seiner Gefährten, wenn er einen Angehörigen eines anderen Stammes skalpiert; ein Dyak schneidet den Kopf eines ganz friedlichen Menschen ab und betrachtet ihn als Trophäe. [...] Man hat berichtet, dass ein indischer Thug es im tiefsten Herzen bedauerte, nicht ebenso viele Reisende beraubt und erwürgt zu haben wie sein Vater. In einem sehr rohen Zustand der Zivilisation wird also tatsächlich die Beraubung von Fremden allgemein als eine ehrenvolle Handlung angesehen.«

3 Siehe Darwin, a. a. O., dt. Ausg. S. 148; vgl. auch E. Westermarck, The Origin and Development of the Moral Ideas, 1912, S. 406–412. Die Praxis, kränkelnde Kinder dem Tod zu überlassen, ist offensichtlich noch nicht ganz verschwunden; dies scheint sogar auf unsere angesehensten Krankenhäuser zuzutreffen, vgl. »Hospital Let Retarded Baby Die, Film Shows«, in: Los Angeles Times vom 17.10.1971, Teil A, S. 9, Sp. 1.

4 Anscheinend existiert im Englischen kein Wort wie *gericide* beziehungsweise *geronticide* zur Bezeichnung der Tötung von alten

Menschen. Das Oxford Dictionary, 9, 1933, S. 454, nähert sich dem Tatbestand mit dem Wort *senicide*, das allerdings, worauf hingewiesen wird, selten sei.

5 Vgl. Darwin, a. a. O.; Westermarck, a. a. O., S. 387 ff., macht die Beobachtung, dass dort, wo man die Tötung alter oder gebrechlicher Menschen praktiziert, dies häufig durch eine Rechtfertigung humanitärer Art untermauert wird. Von dort zur Behauptung zu gelangen, die Tötung werde vom Opfer als sein Recht eingefordert, ist aber ein weiter Weg.

6 H. Maine, Ancient Law. Hrsg. v. Pollock, 1930, S. 153. Maine macht dort geltend, diese Machtbefugnisse des Vaters hätten sich auf alle Gebiete des Privatrechts erstreckt, allerdings nicht auf das *ius publicum*, unter dessen Geltung der Sohn, ungeachtet seiner abhängigen Stellung im privaten Leben, durchaus abweichend von seinem Vater votieren durfte (ebd., S. 152). Westermarck, a. a. O., S. 393 f., war skeptisch, ob die Macht des Vaters, nach seinem Belieben über seine Kinder zu bestimmen, bis in das frühe römische Recht hinein bestanden hat.

7 387 U. S. 1 (1967).

8 42 U. S. C. §§ 1973 ff. (1970).

9 Vgl. hierzu ›Landman ./. Royster‹, 40 U. S. L. W. 2256 (E. D. Va., 30. Oktober 1971); danach erfordern das ›Achte Amendment‹ und die Rechtsstaatlichkeitsklausel des ›Vierzehnten Amendment‹ Maßnahmen auf Bundesebene, einschließlich eines Zwangs zur Verabschiedung von neuen Gefängnisvorschriften im Hinblick auf solche Verhaltensweisen von Gefängnisinsassen des Bundesstaats Virginia, die lediglich durch vage Vorschriften untersagt beziehungsweise durch keinerlei Vorschriften verboten sind; weiterhin fehlt dort ein geregeltes Disziplinarverfahren, das wenigstens Ansätze eines rechtsstaatlichen Verfahrens enthielte; die dort vorgesehenen Arten von Sanktionen beinhalten entwe-

der grausame Strafen oder Bestrafungen ungewöhnlicher Art; vgl. Courts, Corrections and the Eighth Amendment: Encouraging Prison Reform by Releasing Inmates, 44 S. Cal. L. Rev., 1971, 1060, (ohne Nennung des Autors, Anm. d. Ü.).

10 Vgl. aber T. Szasz, Law, Liberty and Psychiatry 1963.

11 Vgl. Kap. I, Anm. 22, und Kap. III, Anm. 27, sowie dazugehörigen Text auf S. 10 beziehungsweise S. 26. Der Trend zur Liberalisierung der Abtreibung lässt sich entweder als eine Tendenz der Legislative in Richtung einer Rechtlosigkeit des Fötus oder andererseits als eine Stärkung der Rechte der Frauen auffassen. Eine derartige Uneindeutigkeit steht natürlich im Recht nicht einzigartig dar; sie läuft lediglich auf eine Stützung des Hohfeldschen Schemas hinaus, wonach der »rechtliche Widerpart« der Rechte des einen die »Nicht-Rechte« des anderen bedeute (W. Hohfeld, Fundamental Legal Conceptions, 1923).

Man bedenke in diesem Zusammenhang einen New Yorker Fall, in dem eine Stifterin eine Stiftung zugunsten einer Anzahl namentlich bestimmter Personen sowie zugunsten »im Entstehen begriffener Lebewesen« als Begünstigten begründete. Mit dem Wunsch, den Stiftungsakt durch einen Zusatz zu ergänzen, unternahm die Stifterin im Einklang mit den gesetzlichen Bestimmungen praktische Schritte, um »das schriftliche Einverständnis aller von der Stiftung Begünstigten« zu erreichen. In jener Zeit war die Stifterin gerade schwanger, und die die Stiftung haltende Chase Bank äußerte sich dahingehend, sie werde das avisierte Zusatzabkommen nicht anerkennen, da ein ungeborenes Kind möglicherweise als eine Person angesehen werden könne, die von der Stiftung ebenfalls begünstigt sei. Das (daraufhin angerufene) Gericht genehmigte das Zusatzabkommen jedoch, indem es darauf abhob, die Geburt – nicht aber die Empfängnis – sei das ausschlaggebende Kriterium, ob eine Person ein Interesse als

Nutznießer oder Nutznießerin jener Stiftung geltendmachen könne, die die Verfügungsberechtigte zu ergänzen trachte. (›In re Peabody‹, 5 N.Y. 2d 541, 058 N.E. 2d 841 [1959]). Vor kurzem hat der Oberste Gerichtshof von Kalifornien sein Einverständnis zu der vorsätzlichen Tötung eines Fötus versagt (es ging um keine Abtreibung), die den Ermittlungen in einem Mordfall dienen sollte. Das Gericht befand, Föten würden durch den Begriff des ›Menschen‹ (*human being*) in der gesetzlichen Definition des Mordes nicht miterfasst (›Keeler ./. Superior Court‹, 2d Cal. 3d 619, 87 Cal. Rptr. 481, 470 P. 2d 617 (1970). Vgl. hierzu aber Kap. III, Anm. 23, und dazugehörigen Text S. 40. Einige Rechtsordnungen besitzen Bestimmungen, die das Verbrechen des ›Fötizids‹ definieren, das heißt die vorsätzliche Herbeiführung des Todes eines ungeborenen Kinds. Das Fehlen einer solchen speziellen Fötizid-Bestimmung in dem genannten kalifornischen Fall war eine der Grundlagen in der ›Keeler‹-Entscheidung. Vgl. hierzu 2 Cal. 3d bei 633 n. 16, 87 Cal. Rptr. bei 489 n. 16, 470 P. 2d bei 625 n. 16.

12 ›Int. Rev. Code‹ (Steuergesetz) von 1954, § 1361 (geändert durch Pub. L. Nr. 89–389, in Kraft getreten am 1.1.1969).

13 Siehe etwa ›United States ./. Cargo‹ of the Brig Malek Adhell, 43 U.S. (2 How.) 210 (1844). Dort wurde ein Schiff von Piraten in Besitz genommen und benutzt. All dies geschah ohne Kenntnis beziehungsweise ohne Einverständnis der Schiffseigentümer. Nachdem das Schiff beschlagnahmt worden war, sprachen die Vereinigten Staaten das Schiff als »Rechtsverletzer« (*offending vessel*) schuldig und verkauften es. Die Schiffseigentümer erhoben Einspruch. Bei seiner Zurückweisung des Herausgabeverlangens der Eigentümer zitierte Justice Story den Chief Justice Marshall aus einem früheren Fall: »Diese Maßnahme richtet sich nicht gegen den Eigentümer, es handelt sich vielmehr um eine Maßnahme gegen das Schiff, aufgrund einer Rechtsverletzung

durch das Schiff; dabei liegt nichtsdestoweniger ein Rechtsverstoß vor, da er ohne Vollmacht und gegen den Willen des Eigentümers vollzogen wurde«, 43 U.S. bei 234, zitiert aus: ›United States ./. Schooner Little Charles‹, 26 F. Cas. 979 (nr. 15, 612) (C.C.D. Va. 1818).

14 9 U.S. (5 Cranch) 61, 86 (1809).

15 Trustees of Darthmouth ›College ./. Woodward‹, 17 U.S. (4 Weath.) 518 (1819).

16 Ebd., S. 636.

17 Man führe sich in diesem Zusammenhang etwa die Nutzung des Seestützpunktes von Guantanamo Bay durch die Vereinigten Staaten vor Augen, gegen Entrichtung eines Pachtzinses in Höhe von 2000 Dollar jährlich. Dieser Anspruch gründet sich auf einen Vertrag aus dem Jahr 1903, der von Jose Montes als dem Präsidenten Kubas und von einem Minister unterzeichnet wurde, der in Vertretung des US-Präsidenten Theodore Roosevelt auftrat. Der Vertrag wurde dann von zwei Dritteln eines Senats ratifiziert, von dessen Mitgliedern heute keiner mehr lebt. (»Lease – from Cuba – of Certain Areas for Naval or Coaling Stations«, July 2, 1903, T.S. Nr. 426; C. Bevans, 6 Treaties and Other International Agreements of the United States 1776–1949, S. 1120, U.S. Dept. of State Pub. 8549, 1971).

18 Otto Gierke, Die Staats- und Korporationslehre des Altertums und des Mittelalters und ihre Aufnahme in Deutschland, Berlin 1881. In englischer Übersetzung (Maitland) 1927 unter dem Titel erschienen: Political Theories of the Middle Age, vgl. insbesondere dort S. 22–30. Der Leser mag versucht sein anzunehmen, die dortigen Beispiele für juristische Personen ließen sich von den Umweltobjekten abgrenzen, da die ersteren von Menschen gebildet seien, denen sie gleichzeitig dienen. Dem gegenüber meine ich, dass, je mehr wir über die Soziologie eines großen Unternehmens lernen – und

über die Realpolitik unserer Gesellschaft –, wir ganz im Gegenteil um so mehr die grundlegende Wirklichkeit dieser Institutionen und die zunehmende rechtliche Fiktivität des menschlichen Individuums erfahren (vgl. auch Kap. IV, Anm. 14 und dazugehörigen Text S. 70).

19 ›Dred Scott ./. Sandford‹, 60 U.S. (19 How.) 396, 404 f. (1856). In der Entscheidung ›Bailey ./. Poindexter's Ex'r‹, 56 Va. (14 Gratt.) 132, 142 f. (1858), wurde die Verfügung in einem Testament für ungültig erklärt, wonach die Sklaven des Erblassers zwischen ihrer Freilassung und ihrer öffentlichen Versteigerung sollten wählen können. Als Begründung hierfür wurde ausgeführt, den Sklaven sei keine Wahlmöglichkeit im Rechtssinn eröffnet: »Bei dieser Entscheidung handelt es sich um eine rechtliche Schlussfolgerung, die sich natürlich und mit Notwendigkeit aus der klaren, einfachen und fundamentalen Idee der Sklaverei ergibt. Diese grundlegende Idee besagt, dass vom rechtlichen Standpunkt – was die Bürgerrechte und die Rechtsbeziehungen angeht – der Sklave nicht als Person, sondern als Sache anzusehen ist. Und in der Tat ist die Verleihung von Bürgerrechten oder rechtlichen Befugnissen an einen Sklaven ein juristisches Unding, eine Absurdität. Die Verleihung von Rechtspersönlichkeit an einen Sklaven, das heißt Rechtsbewusstsein, juristischen Intellekt, rechtliche Freiheit beziehungsweise die Freiheit und das Vermögen zu freier Wahl und Handlung sowie die damit einhergehenden rechtlichen Obliegenheiten, die aus jenen Merkmalen, Möglichkeiten und Handlungen folgen würden – all dies enthält eine auf der Hand liegende begriffliche Widersprüchlichkeit.«

20 ›People ./. Hall‹. 4 Cal. 399, 405 (1854). Die dort auszulegende Gesetzesbestimmung sah vor, es sei »keinem Schwarzen oder Mulatten sowie keinem Indianer gestattet, zu Gunsten oder zu Ungunsten eines Weißen als Zeuge auszusagen« – hinsichtlich der

Chinesen schwieg das Gesetz jedoch. Die auf ein bestimmtes Ziel der Auslegung zurechtgebogene Gesetzesinterpretation, mit der das Gericht die Chinesen unter »Schwarze ... oder Indianer« subsumierte, ist ein faszinierendes Beispiel für das Verhältnis zwischen einer ›taktischen‹ und einer ›gerechten‹ Entscheidung, insbesondere vor dem Hintergrund der Diskussion zwischen Hart, Positivism and the Separation between Law and Morals, 71 Harv. L. Rev. 539 (1958) und Fuller, Positivism and Fidelity to Law – A Reply to Professor Hart, ebd., S. 630.

21 Schlechter, The Rightlessness of Mediaeval English Jewry. 45 Jewish Q. Rev. 121, 135 (1954), mit Zitaten aus M. Bateson, Medieval England, 1904, S. 139. Schlechter bezieht sich weiterhin auf Henry de Bracton hinsichtlich der dort beschriebenen Auswirkungen, wonach »ein Jude nichts besitzen durfte, was er sein eigen nennen konnte, da er, was immer er erwarb, nicht für sich in Besitz nahm, sondern für den König ...« ebd., S. 128.

22 ›Dietrich ./. Inhabitants of Northhampton‹ 138 Mass. 14, 16 (1884).

23 ›In re Goddell‹, 39 Wisc. 232, 245 (1875); das Gericht fuhr dort mit dem folgenden ›schlagenden Argument‹ fort: »Und wenn der Rechtsbeistand der Dame nun vorträgt, das Wort ›Person‹ in § 32, Kap. 119 [dort geht es um diejenigen, die die Qualifikation besitzen, als Juristen zu praktizieren] schließe notwendigerweise auch die Frauen mit ein, so machte es die Anwesenheit der Dame [wohl beim Termin zur mündlichen Verhandlung, Anm. d. Ü.] unmöglich, ihm, dem Rechtsbeistand, als *reductio ad absurdum* seiner Rechtsposition entgegenzuhalten, das gleiche Wort würde dann die strafrechtliche Verfolgung einer Frau wegen unehelicher Vaterschaft sowie wegen Vergewaltigung ermöglichen« (ebd., S. 246). Die Beziehung zwischen unserer Einstellung zu Frauen und unserer Haltung dem Land gegenüber, das heißt dem Hauptanliegen der vorliegenden Studie, wird in einer unbedachten

Nebenbemerkung unseres Kollegen Curt Berger erfasst: »alles in

allem herrschte dem Land gegenüber die Auffassung vor, es sei, wie die Frau, in Besitz zu nehmen«, in: ders., Land Ownership and Use, 1968. S. 139.

24 Vor nicht langer Zeit zähmte eine Gruppe von Gefängnisinsassen in Suffolk County eine Maus, die sie dort entdeckt hatte, und gab ihr einen Namen: Morris. Ein Gefängnisbeamter fand Morris und spülte ihn die Toilette hinunter. Die Gefangenen strengten ein Verfahren gegen den Aufseher an und führten dort, unter anderem, Klage, Morris sei einer diskriminierenden Handlung – sozusagen einer diskriminierenden Betätigung der Wasserspülung – unterworfen und auch sonst ungerecht behandelt worden. Die Klage blieb ohne Erfolg, und zwar aus folgenden Gründen: die Gefängnisinsassen hatten »Morris ihrerseits ohne ordnungsgemäße Anklage, Gerichtsverfahren und die Möglichkeit der Freilassung gegen Kaution gefangen gehalten« und andere Mäuse im Gefängnis seien nicht besser behandelt worden. »Das Gericht kann dem wahren Opfer nur jene Sympathie zeigen, wie sie von Robert Burns seinerzeit dessen [das heißt Morris', Anm. d. Ü.] Ahnen, den Mäusen, unterbreitet worden war ...« Der Richter zitierte dann aus Robert Burns' »To a Mouse« (›Morabito ./. Cyrta‹, 9 Crim. L. Rep. 2472 – Ny. Sup. Ct. Suffolk Co. 26.8.1971). Die ganze Angelegenheit dürfte natürlich mit Humor zu nehmen sein. Man müsste aber über die Funktion des Humors in der Entfaltung von Kultur besser Bescheid wissen – und über die Art und Weise, wie er mit den gesellschaftlichen Wachstumsschmerzen zu tun hat, für die er Zeugnis ablegt. Warum macht man sich über die Frauenbewegung lustig? Ist dies nicht eher ein Beleg für die im Frauenprotest enthaltene Berechtigung und für die Unvermeidlichkeit einer Anerkennung seiner Anliegen? Zu Recht beginnt Arthur Koestler seine Untersuchung des menschlichen Geistes (in: ders., The

Act of Creation, 1964, dt. Der göttliche Funke. Der schöpferische Akt in Kunst und Wissenschaft, Bern 1966) mit einer Analyse des Humors, die er mit »Logik des Gelächters« (»The Logic of Laughter«) überschreibt. Vergleiche hierzu auch S. Freud, Der Witz und seine Beziehung zum Unbewussten. In: ders., Gesammelte Werke, hrsg. v. Anna Freud, Frankfurt/M. 1946–1969. Bd. 6, [4]1979. (Weitere Frage: Wie verhält sich die Verleihung eines Eigennamens wie Morris zur Verleihung von sozialen und gesetzlich verbrieften Rechten?)

25 So ist es zu erklären, dass die Gründerväter von unveräußerlichen Rechten aller Menschen sprachen und gleichzeitig eine Gesellschaft aufrechterhalten konnten, die nach modernen Kriterien für Schwarze, Indianer, Kinder und Frauen keinerlei Rechte aufwies. Dies war keine Heuchelei; denn niemand hat gespürt, dass es sich bei den anderen ›Dingen‹ ebenfalls um Menschen handelte.

26 »Der zweite Gedanke, der aus dem ... alten Süden zu uns herüberweht, ist der aufrichtige, leidenschaftliche Glaube, Gott habe, irgendwo zwischen den Menschen und dem Vieh angesiedelt, ein *tertium quid* geschaffen, welches er dann Neger genannt hat – ein clownhaftes, einfach geartetes Geschöpf, zeitweise sogar innerhalb seiner Grenzen liebenswert, jedoch strikt vorbestimmt, hinter einem Schleier zu leben.« (W. E. B. DuBois, The Souls of Black Folk 1924, S. 89).

27 In der vorliegenden Abhandlung beschränke ich mich im wesentlichen auf eine Erörterung von Naturobjekten, die nicht dem Tierreich angehören. Ich vertraue darauf, dass der Leser selbst beurteilen kann, wo diese Untersuchung unser Verständnis erweitert, was bei der Verleihung von Rechten an Objekte, die bislang keine innehatten, eine Rolle spielen könnte. Dabei denke ich nicht nur an Tiere (von denen einige in gewisser Hinsicht bereits Rechte

innehaben), sondern auch an Humanoide sowie an Computer und so weiter (Vgl. hierzu das National Register for Historic Places, 16 U.S.C. § 470 [1970], das in der Entscheidung ›Ely ./. Velde‹. 321 Supp. 1088 [E.D. Va. 1971] erörtert wird). Der Leser wird feststellen, dass die Festlegung der Grenzen eines ›Naturobjekts‹ große Probleme mit sich bringt. Man wird beispielsweise das eine Mal über einen Flussabschnitt sprechen, der durch einen bestimmten Gerichtsbezirk führt; zu anderen Gelegenheiten wird man sich aber auf den gesamten Fluss oder den gesamten Wasserkreislauf oder auf die Natur insgesamt beziehen. Die jeweils in ontologischer Hinsicht getroffene Wahl wird einen starken Einfluss auf die Ausgestaltung eines Rechtssystems ausüben und die hier anstehenden Entscheidungen sind nicht gerade einfach (siehe auch Kap. III, Anm. 24 und 56, sowie dazugehörigen Text auf S. 26 beziehungsweise S. 35 f.). Andererseits gibt es das Problem, eine adäquate Ontologie zugrundezulegen, in jeder Sprache, nicht nur in der Sprache juristischer Begriffsbildung – es stellt sich auch in der Umgangsprache. Man bedenke beispielsweise den Begriff der ›Person‹ in der juristischen und in der Umgangssprache. Ist jede derartige Person etwa ein feststehendes Ensemble von Beziehungen, das für alle Zeiten unverändert fortbesteht? Oder ist es nicht so, dass sich unsere Moleküle und Zellen von Augenblick zu Augenblick verändern? Was wir hier hypostasieren, hat diesem Tatbestand gegenüber stets eine eher pragmatische Qualität. Siehe D. Hume, Of Personal Identity, in: Treatise of Human Nature, Buch 1, Teil IV, § IV, in: The Philosophical Works of David Hume, 310–318, 324 (1854), (deutsch: Ein Traktat über die menschliche Natur. Übers. v. Theodor Lipps. Hrsg. v. Reinhard Brand. Hamburg 1973); T. Murti, The Central Philosophy of Buddhism. 1955, S. 70 ff. Norman O. Brown macht in seinem Buch Love's Body (deutsch: München 1977, S. 132) folgende Beobachtung:

»Das Vorhandensein der vorgespiegelten Grenze verhindert nicht, dass der wirkliche Verkehr weiterhin darüber hinweggeht. Projektion und Introjektion, der Prozess, wodurch sich das Selbst als etwas von den anderen verschiedenes konstituiert, ist keine vergangene Geschichte, kein Ereignis aus der Kindheit, sondern ein gegenwärtiger Prozess, in dem unaufhörlich Neues geschaffen wird. Der Dualismus zwischen Selbst und Außenwelt wird durch einen ständigen Prozess gegenseitigen Austauschs zwischen den beiden aufgebaut. Das Selbst als eine dauerhafte Substanz, die durch die Zeit hindurch Bestand hat, als eine Identität, wird dadurch erhalten, dass fortwährend gute Teile (oder Personen) von der Außenwelt aufgenommen und schlechte Teile aus der Innenwelt ausgestoßen werden. ›Unbewusst‹ gehen unaufhörlich andere Persönlichkeiten in uns ein.

Jede Person ist also viele Personen; eine Menge, die zu einer Person gemacht wird; eine Vereinigung, vereinigt, eine Körperschaft. Eine ›Körperschaft in einer Person‹; jedermann eine Pfarrer-Person *(parson-person)*. Die Einheit der Person ist so wirklich oder unwirklich wie die Einheit der Körperschaft.«

Siehe allgemein: W. Bishin und C. Stone, Law, Language and Ethics, 1972, Kap. 5.

In den unterschiedlichen Rechtssystemen hat es hinsichtlich der Wesenheit, die man als für schädigende Handlungen ›verantwortlich‹ ansah, zahlreiche Verschiebungen gegeben. Bevor die Annahme der persönlichen Verantwortlichkeit sich durchsetzte, machte man jeweils die gesamte Sippe haftbar; in einigen Gesellschaften ist vielleicht die Hand, die die Rechtsverletzung beging, anstelle des ganzen Körpers ›verantwortlich‹. Heute noch behandeln wir Vater und Sohn in manchen Angelegenheiten als getrennte rechtliche Gegebenheiten, in anderen dagegen als eine Einheit. Ich vermag nicht zu erkennen, warum die Aufgabe, eine

Ontologie der Naturobjekte (und eine solche von ›Eigenschaften‹, beispielsweise die der klimatischen Wärme) herauszuarbeiten, demgegenüber schwieriger zu bewältigen wäre. Vielleicht kommt es eines Tags dahin, dass die gesamte Menschheit in bestimmten Angelegenheiten als ein einziges juristisch identifizierbares ›Naturobjekt‹ angesehen wird.

28 Diese Behauptung des Texts trifft wohl nicht in jedem Fall zu; vgl. hierzu Murphy, Has Nature Any Right?, 22 Hast. L. J. 467 (1971). Ein irisches Gericht, das über die Rechtswirksamkeit eines testamentarisch verfügten Vermächtnisses zu befinden hatte, durch welches jemand seine Hunde begünstigen wollte, kam zu folgendem Urteil: »[U]nter ›Leben‹ ist das menschliche Leben zu verstehen und nicht das von Tieren oder Bäumen in Kalifornien« (›Kelly ./. Dillon‹, 1932 Ir. R. 1952, 261. Die beabsichtigte Verfügung für den Fall des Todes des letzten der Hunde wurde in der genannten Entscheidung wegen der Ferne des Verfügungszeitpunkts für unzulässig erklärt – das Gericht weigerte sich nämlich, »sich auf die Frage nach der Lebenserwartung eines Hunds einzulassen«, obwohl es andererseits gewillt war, festzustellen: »[T]atsächlich verhält es sich aber so, dass Nachbars [sic!] Hund oder Katze meist unangenehm langlebig sind ... « Ebd., S. 260 f.).

II Für die Rechte der Umwelt

1 Zur Zeit (1972, Anm. d. Ü.) sind wegen der Frage der Vereinbarkeit der Todesstrafe mit dem ›Achten Amendment‹ und ›Vierzehnten Amendment‹ der Verfassung beim Obersten US-Gerichtshof vier Verfahren anhängig: ›Branch ./. Texas‹ 447 S. W. 2d 932 (Tex. 1969); die Revision wurde zugelassen – 91 S. Ct. 2287 (1970); ›Aikens ./. California‹, 70 Cal. 2d 369, 74 Cal. Rptr. 882, 450 P. 2d 258 (1969); die Revision wurde zugelassen – 91 S. Ct. 2280 (1970); ›Furman ./. Georgia‹, 225 Ga. 253, 167 S. E. 2d 628 (1969); die Revi-

sion wurde zugelassen – 91 S. Ct. 282 (1970); ›Jackson ./. Georgia‹, 225 Ga. 790,171 S. E. 2d 501 (1969); die Revision wurde zugelassen – 91 S. Ct. 2287 (1970).

2 Der ›Fünfte Zusatzartikel zur Verfassung der Vereinigten Staaten‹ von 1791, das ›Fifth Amendment‹, stellt sicher, dass Angeklagte in Strafverfahren Zugang zu einem Geschworenengericht haben *(Grand Jury)*, niemand wegen derselben Tat mehrmals angeklagt wird *(Double Jeopardy)*, niemand in einer Untersuchung gegen sich selbst aussagen muss (Auskunftsverweigerungsrecht), vor einem Urteil ein ordentliches Gerichtsverfahren stattfindet *(Due Process)* und das Recht auf Eigentum gewährleistet ist.

3 Siehe ›George Campeil Painting Corp. ./. Reid‹, 392 U. S. 286 (1968); ›Oklahoma Press Pub. Co. ./. Walling‹, 327 U. S. 186 (1946); ›Baltimore & O. R. R. ./. ICC‹, 221 U. S. 612 (1911); ›Wilson ./. United States‹, 221 U. S. 361 (1911); ›Hale ./. Henkel‹, 201 U. S. 43 (1906).

4 Vgl. Kap. I, Anm. 7.

III Die rechtspraktischen Aspekte

1 Siehe ›Dixon ./. Alabama State Bd. of Educ.‹, 294 F. 2d 150 (5th Cir.), cert. denied, 368 U. S. 930 (1961).

2 Ein Prozesspfleger wird im Zivilprozess der prozessunfähigen Partei vom Gericht als deren gesetzlicher Vertreter bestellt (Anm. d. Ü.).

3 *Common Law* ist das im angelsächsischen Rechtskreis geltende ›gemeine Recht‹. Da es sich beim angelsächsischen Recht noch weithin um ein aus Präzedenzentscheidungen der Gerichte ermitteltes *case law* (Fallrecht) handelt, spielen hier kodifizierte Gesetzeswerke eine geringere Rolle als etwa in den kontinentaleuropäischen Rechtssystemen (Anm. d. Ü.).

4 Siehe beispielsweise ›People ex relatione Rix Water Co. ./. Elk River Mill & Lumber Co.‹, 107 Cal. 221, 40 Pac. 531 (1895); dort

wurde es auf Veranlassung des Attorney General (siehe nachfolgende Anm. 7) abgelehnt, die Wasserverunreinigung eines flussaufwärts gelegenen Uferanrainers zu unterbinden, und zwar mit der Begründung, flussabwärts gelegene Uferanrainer – die meisten waren von dem Geschäftsbetrieb der Sägemühle abhängig – hätten keine Klage erhoben.

5 Bei Unterlassungsklagen ist die Rechtslage in der Regel für den Kläger günstiger als bei Klagen, die auf Schadenersatz gerichtet sind; siehe J. Gould, Law of Waters, 1983, § 206.

6 Überholende Kausalität ist dann gegeben, wenn der Schaden ähnlich oder identisch aufgrund eines späteren Ereignisses aufgetreten wäre, welches aber durch die frühere Schadensursache nicht mehr zum Tragen kam (Anm. d. Ü.).

7 Das heißt der ranghöchste Staatsanwalt eines US-Bundesstaats (Anm. d. Ü.).

8 Dennoch hat Kalifornien 1973 seinen ›Water Quality Act‹ (Gesetz über die Qualität des Wassers) insofern geändert, als dem Attorney General die Durchsetzung von Verfügungen et cetera erleichtert wurde; man muss beispielsweise zur Herbeiführung einer gerichtlichen Verbotsanordnung keinen irreparablen Schaden mehr geltend machen, Cal. Water Code § 13350 (b) (West 1971).

9 »Wer auch immer Eigentümer von Grund und Boden ist, besitzt ihn bis in den Himmel und bis in die tiefsten Tiefen der Erde.« Siehe W. Blackstone, 2 Commentaries 18. Im frühen Common Law konnte der Besitzer von Grund und Boden alles, was auf seinem Land gefunden wurde, »zu seinem freien Willen und seinem Vergnügen« in Gebrauch nehmen, ohne Rücksicht auf irgendwelche »Unannehmlichkeiten für seinen Nachbarn« (›Acton ./. Blundell‹, 12 Meeson and Welsbury 324, 354, 152 Eng. Rep. 1223, 1235 [1843.]). »Er [der Besitzer von Grund und Boden] darf sein Land verschwenden oder verderben, ganz wie es ihm beliebt« (R. Me-

garry und H. Wade, The Law of Real Property, 70 [³1966]. Siehe R. Powell, 5 The Law of Real Property, [1971], S. 725.)

10 Siehe Statutory Treatment of Industrial Stream Pollution, 24 Geo. Wash. L. Rev. 303, 306 (1955) (ohne Nennung des Autors, Anm. d. Ü.); H. Farnham, Law of Waters and Waters Rights, 1904, § 461; Gould, a. a. O. (Anm. 3) § 204.

11 Im Rechtsstreit ›Mississippi Mills Co. ./. Smith‹, 69 Miss. 299, 11 So. 26 (1882) hatte ein Gericht ein Recht zur Verunreinigung per Rechtsspruch aufrechterhalten; und im Fall ›Luama ./. Bunker, Hill & Sullivan Mining & Concentrating Co.‹, 41 F. 2d 358 (⁹1930) geschah dies durch eine Befreiung (von einer Auflage).

12 Siehe ›Red River Roller Mills ./. Wright‹, 30 Minn. 249, 15 N. W. 167 (1883): die Vorteile, die ein Uferanlieger aus einem Wasserlauf zieht, können durch die vertretbare Nutzung anderer eingeschränkt oder aufgehoben werden; ›Tounsend ./. Bell‹, 167 N. Y. 462, 60 N. E. 757 (1901): der flussanrainende Eigentümer ist nicht berechtigt, die Klage gegen die Verunreinigung eines Wasserlaufs durch eine Fabrik aufrechtzuerhalten, wenn ihm der Beweis misslingt, es handele sich um eine unvernünftige Nutzung; ›Smith ./. Staso Milling Co.‹, 18 F. 2d 736 (²1927): in dem auf eine Unterlassungsverfügung gerichteten Verfahren ist das Recht, das der flussabwärts gelegene Uferanrainer geltend macht, ein quantitativer Kompromiss zweier widerstreitender Interessen; ›Clifton lron Co. ./. Dye‹, 87 ala. 468, 6 So. 192 (1889): das Gericht muss bei der Entscheidung, ob dem Verbotsantrag eines flussabwärts gelegenen Uferanrainers stattzugeben ist, das Interesse der Allgemeinheit so gewichten wie gegenüber der Schädigung der einen oder anderen Partei. Vgl. auch ›Montgomery Limestone Co. ./. Beartder‹, 256 Ala. 269, 54 So. 2d 571 (1971).

13 ›Pensylvania CoaI Co. ./. Sanderson‹, 113 Pa. 126, 149, 6 A. 453, 459 (1886).

14 So Richter Hand, in ›Smith ./. Staso Milling Co.‹, 18 F. 2d 736, 738 ([2]1927) (Hervorhebung vom Verfasser). Siehe auch ›Harrisonville ./. Dickey Clay Co.‹, 289 U.S. 334 (1933) (Richter Brandeis).

15 Die Bemessung der bei einem Kläger vorliegenden Schäden durch »Herstellung eines unbeeinträchtigten Zustands« unterliegt etlichen Beschränkungen, die zusammen mit der Bemessung derartiger Schäden ausführlicher im Kap. III, Anm. 60–70, sowie im dazugehörigen Text auf den S. 39–45 erörtert werden.

16 Hier könnte wiederum eine Analogie mit dem Gesellschaftsrecht *(corporation law)* weiterhelfen. Angenommen, im Beispiel einer nachlässigen Unternehmensführung durch die betreffenden Direktoren gäbe es keine Prozessstandschaftsklage seitens der Aktionäre (das heißt die Geltendmachung beziehungsweise Mitgeltendmachung von Rechten anderer Aktionäre durch einen Aktionär, Anm. d. Ü.), um das Unternehmen wieder ganz herzustellen, und die einzigen zur Verfügung stehenden Verfahrensmöglichkeiten wären direkte Klagen seitens der Aktionäre, um die Schäden auszugleichen, die sie als Aktionäre erlitten haben: theoretisch und praktisch könnten sich in den beiden Fällen unterschiedliche Schadenshöhen ergeben, und dies nicht nur deshalb, weil die Verluste der Gläubiger nicht in den direkten Klagen der Aktionäre enthalten wären.

17 Und noch dazu weit unter dem wirtschaftlichen Gesamtschaden aller Anrainer; siehe dazu S. 38 f. und S. 66 (unten).

18 ›Smith ./. Staso‹, 18 F. 2d 736, 738 ([2]1927).

19 Einige dieser im öffentlichen Eigentum stehenden Sachen unterliegen der ›Lehre von der öffentlichen Treuhand‹ *(public trust doctrine)*, die, obwohl noch unzulänglich gefasst, womöglich in der Weise fortentwickelt werden könnte, dass sie einen recht weitreichenden Umweltschutz zu bewirken in der Lage wäre. Siehe ›Gold ./. Greyloc Reservation Comm'n‹, 350 Mass. 410, 215

N. E. 2d 114 (1966), erörtert bei Sax, The Public Trust Doctrine in Natural Resource Law: Effective Judicial Intervention, 68 Mich. L. Rev. 471, 492–509 (1970).

20 Dies beispielsweise in Kontrast zu Menschenrechtsvereinigungen.

21 Siehe beispielsweise Cal. Prob. Code §§ 1460–1462 (West Supp. 1971).

22 Cal. Prob. Code § 1751 (West Supp. 1971) sieht die Ernennung eines »Konservators« vor.

23 Der Oberste Gerichtshof von New York und Amtsgerichte *(county courts)* außerhalb der Stadt New York sind berechtigt, eine Pflegschaft beziehungsweise Vormundschaft für diejenige Person – oder eine solche für das Vermögen einer Person – einzusetzen, die, »nicht in der Lage ist, ihre eigenen Angelegenheiten zu besorgen«, ›N. Y. Mental Hygiene Law‹ § 100 (McKinney 1971).

24 Dies ist eine solche Situation, in der jene ontologischen Probleme akut werden, wie ich sie oben in Kap. I, Anm. 27, erörtert habe. Man kann sich eine Situation vorstellen, in der für einen Wasserlauf ein Vormund gerichtlich bestellt würde und dieser ein Verfahren gegen vermeintliche Umweltsünder anstrengte, dieses aber verlöre. Man stelle sich weiterhin vor, ein Bundesgericht ernenne einen Sprecher für das umfassendere Flusssystem, dem der besagte Wasserlauf angehört, und der auf Bundesebene ernannte Sprecher bringe gegen dieselben Beklagten eine Klage vor ein Gericht des Bundesstaats – jetzt aber im Interesse des gesamten Flusses anstelle des kleinen Wasserlaufs. (Und: gesetzt den Fall, der letztgenannte Rechtsstreit ginge wiederum verloren – wäre es daraufhin möglich, eine weitere Klage, diesmal im Interesse des gesamten hydrologischen Kreislaufs, anhängig zu machen, nun eingebracht von einem Sprecher, der von einem internationalen Gericht eingesetzt würde?)

Derartige Probleme sind zwar schwierig, ihre Lösung ist aber nicht unmöglich. Zum einen können außergerichtliche Anhörungen und die Rechte zum Prozessbeitritt erheblich zur Lösung der Probleme beitragen. Auch hatten Gerichte schon lange mit potenziell sich widersprechenden Urteilen zu tun, etwa wenn ein Bundesstaat sich anschickt, ein Ehescheidungsgesetz zu verabschieden, das den Entscheidungen von Gerichten eines anderen Bundesstaats widerspricht. (›Kempson ./. Kempson‹, 58 N. J. Eg. 94, 43 A. 97 [Ch. Ct. 1899]). Gerichte könnten – sie würden es natürlich auch tun – einige Naturobjekte in der Klassifizierung der herrenlosen Sache *(res nullius)* belassen und das Problem auf diese Weise von sich wegschieben. Und dort, wo – was immer der Fall sein wird – etliche ›Objekte‹ miteinander verflochten sind, könnten am Verfahren zur Verweisung an das zuständige Gericht mehrere Vormünder beteiligt sein – zuständig wäre wahrscheinlich jeweils das Gericht des Vormunds für das umfassendste ›Mündel‹, das gerade akut bedroht wäre. Und in einigen Fällen wäre die nachfolgende Klage durch den Vormund eines noch umfassenderen Mündels, soweit sich dieser keine Versäumnisse hat zuschulden kommen lassen, wohl zulässig. Diese Probleme sind zumindest nicht komplexerer Natur, als es entsprechende Probleme im Bereich der Gruppenklage *(class action)* sind, mit denen sich das Recht schon seit langem beschäftigt.

25 Cal. Prob. Code § 1460 (West Supp. 1971). Das New York Mental Hygiene Law (McKinney 1971) gewährleistet gerichtliche Kontrolle »hinsichtlich der Pflegschaft über eine Person und über deren Eigentum, wenn sie aus Gründen des Alters, der Trunksucht, der Geisteskrankheit oder aus anderer Ursache nicht in der Lage ist, für sich selbst und die eigenen Angelegenheiten zu sorgen«.

26 ›Santa Clara County ./. Southern Pac. R. R.‹, 118 U. S. 394 (1886). Richter Black hätte den juristischen Personen die Rechte aus

dem ›Vierzehnten Amendment‹, wie natürliche Personen sie besitzen, versagt. Siehe ›Connecticut Gen. Life Ins. Co. ./. Johnson‹, 303 U.S. 77, 87 (1938) (mit abweichender Meinung des Richters Black): »Korporationen haben weder Rasse noch Hautfarbe«.

27 ›In re Byrn‹, siehe L.A. Times vom 5.12.1971, § 1, S. 16, Sp. 1: eine einstweilige Verfügung wurde nachfolgend bestätigt, und der Gegenantrag zur Aufhebung der Vormundschaft wurde zurückgewiesen. Civ. 13113/71 (Sup. Ct. Queens Co., 4.1.1972) (Justice Smith). Die Berufungsklagen sind noch nicht entschieden; unter diesen Umständen eine Vormundschaft zu begründen, wäre wohl ein radikalerer rechtlicher Schritt als die Einrichtung von Vormundschaften über Naturobjekte im öffentlichen Eigentum, wie es etwa die Seen sind. In dem besagten Ausgangsfall ist ja ein traditionell anerkannter Vormund – nämlich die Mutter – vorhanden, und deren Entscheidung war hier zu Gunsten einer Abtreibung des Fötus ausgefallen.

28 Die Gesetzgebung zu den verschiedenen kommunalen Ressourcen musste sich entlang ihrer eigenen Vorgaben weiter entwickeln, und zwar nicht nur deshalb, weil Nutzungs- und Konsumtions-›Rechte‹ so vieler verschiedener Menschen eine Rolle spielten, sondern auch aus folgendem Grund: Niemand hatte für die Konsumtionskosten beim Verbrauch öffentlicher Ressourcen in dem Maße aufzukommen, wie dies für einen privaten Eigentümer derartiger Ressourcen gilt, der die Kosten seiner eigenen Handlungen stets zu tragen hat. Wenn beispielsweise ein Landbesitzer auf seinem eigenen Grund und Boden sämtliche Bäume fällt und nichts an ihre Stelle pflanzt, so sieht er sich mit den Folgekosten seiner Handlungsweise in Gestalt eines geringeren Bodenwerts konfrontiert. Demgegenüber ist das Tun des Flussverunreinigers – soweit es ihn betrifft – kostenfrei, es sei denn, das Rechtssystem finde Mittel und Wege, ihn zu zwingen,

diese Kosten in seine Rechnung miteinzubeziehen. Im Ergebnis läuft dies darauf hinaus, dass die Befugnisse des privaten Landbesitzers hinsichtlich der Naturobjekte auf seinem Grund und Boden gesetzlich (hier im Gegensatz zu ›wirtschaftlich‹) weitaus geringer eingeschränkt sind als seine Befugnisse hinsichtlich der öffentlichen Ressourcen, die er in seine Hände bekommt. Falls sich dieser Zustand einmal ändern sollte, könnten sich die Kriterien für ein Eingreifen zugunsten des auf privatem Grund und Boden liegenden Naturobjekts jenen Vorschriften angleichen, an denen sich die Gerichte dort, das heißt in solchen Rechtsstreitigkeiten orientieren, wo die Erziehung von Kindern – beziehungsweise der Mangel an Erziehung – eine sozial bedrohliche Lage entstehen lässt. Hier können die Gerichte zum Beispiel ein Kind zum ›Mündel des Gerichts‹ *(dependent of the court)* in solchen Fällen machen, in denen »das Elternhaus wegen Vernachlässigung, wegen Grausamkeit oder wegen unsittlichen Lebenswandels eines der Elternteile nicht geeignet« ist (Cal. Welf. & Inst. Code § 600 [b] [West 1966]. Siehe dort auch § 601: Danach kann jedes Kind, »für das, aus welchen Gründen auch immer, die Gefahr des Abgleitens in einen untätigen, lasterhaften, unzüchtigen oder unmoralischen Lebenswandel besteht, zum Mündel des Gerichts erklärt werden.«).

29 (Siehe vorhergehende Anm. 28.) Die gegenwärtige Handhabung solcher Probleme besteht eher in dem Versuch, Gesetze zu verabschieden, die eine generelle Zuständigkeit der Polizei vorsehen – siehe ›Pennsylvania Coal Co. ./. Mahon‹. 260 U.S. 393 (1922). Zivilprozessuale Verfahrensmöglichkeiten, die, obwohl sie Stückwerk sind, individuellen Situationen angepasst werden können, müssen demgegenüber wohl eher zurücktreten.

30 Der Cal. Prob. Code § 1580 (West Supp. 1971), listet besondere Gründe auf, aus denen ein Vollmund nach vorangegangener Be-

nachrichtigung und Anhörung abgelöst werden kann. Trotz dieser Schutzvorschriften ist das Problem der Beaufsichtigung eines Vormundes besonders akut in Fällen wie dem hier besprochenen, wo keine unmittelbar identifizierbare Nutznießung einer Person gegeben ist, deren Eigeninteresse eine genaue Aufsicht über den Vormund begünstigen würde. Um dieses Problem zu beheben, könnte man vielleicht eine Anleihe beim Recht der gewöhnlichen Stiftung zu wohltätigen Zwecken machen, die ja in der Regel der Aufsicht durch den Attorney General unterliegt. Siehe Cal. Prob. Code §§ 9505, 10207 (West 1955).

31 Siehe Cal. Prob. Code §§ 1472, 1590 (West 1956 und Supp. 1971).

32 Fundstelle der Gerichtsentscheidung: 354 F. 2d 608 ([2]1965); die Revision wurde nicht zugelassen – ›Consolidated Edison Co. ./. Scenic Hudson Preservation Conf.‹, 384 U. S. 941 (1966).

33 354 F. 2d 608, 615 ([2]1965).

34 Gesetz vom 26.8.1935 Kap. 687 Titel II, § 213, 49 Stat. 860 (kodifiziert in 16 U. S. C. § 8251 [b] [1970]).

35 354 F. 2d 608, 616 ([2]1965). Das Gericht hat dies vielleicht gespürt; denn die New York – New Jersey Trial Conference, eine der beiden Umweltschutzgruppen, die die Naturschutzorganisation Scenic Hudson organisiert haben, unterhielten im Gebiet des Storm King Mountain Wanderwege von insgesamt siebzehn Meilen Länge und verkörperten insofern ein ausreichendes wirtschaftliches Interesse, um das Bestehen einer Klagebefugnis zu begründen. Die Meinung von Richter Hays scheint sich allerdings nicht hierauf zu stützen.

36 ›Road Review League ./. Boyd‹, 270 F. Supp. 650 (S. D. N. Y. 1967). Die Kläger, zu denen neben der Stadt Bedford auch die Road Review League, eine nicht auf Gewinn ausgerichtete, mit Kommunalproblemen befasste Vereinigung, gehörte, erhoben Klage mit dem Ziel, eine Planung des Federal Highway Administrator

überprüfen und verbieten zu lassen, die die Linienführung eines Interstate Highway zum Inhalt hatte. Die Kläger machten geltend, die geplante Straße habe nachteilige Auswirkungen auf dortige Wildrückzugsgebiete, sie verschmutze einen dort gelegenen See und weise Widersprüche zu den örtlichen Bedürfnissen und Planungen auf. Die Kläger stützten sich dabei auf jenen Abschnitt des ›Administration Procedure Act‹, 5 U. S. C. § 702 (1970), der Personen, die »innerhalb des Anwendungsbereichs einer einschlägigen Rechtsnorm durch behördliches Handeln beschwert« (Juristischer Terminus für ›im Rechtssinn beeinträchtigt‹, ›in den jeweiligen Rechten verletzt‹, Anm. d. Ü.) seien, berechtigt, eine gerichtliche Überprüfung zu verlangen. Das Gericht war der Auffassung, die Kläger seien klagebefugt und sie hätten Anspruch auf eine gerichtliche Überprüfung der geplanten Straßenführung: »Es ist aber kein Grund ersichtlich, warum dem Begriff ›beschwert‹, ›beeinträchtigt‹ im ›Administration Procedure Act‹ eine gegenüber dem ›Federal Power Act‹ unterschiedliche Bedeutung zuzuschreiben wäre. Die ›einschlägigen Vorschriften‹, das heißt hier der ›Federal Highway's Act‹, enthalten eine Begriffssprache, die gegenüber dem ›Federal Power Act‹ als noch deutlicher, kräftiger erscheint, was die Wahrung örtlicher Interessen und derer des Umweltschutz angeht« (ebd., S. 661).

In der Entscheidung ›Citizens Comm. for the Hudson Valley ./. Volpe‹, 425 F. 2d 97 (²1970), wurden die Kläger für klagebefugt erachtet, gegen die Errichtung eines Deichs und eines erhöhten Fußwegs, die an das Hudson-Flusstal angrenzen, vorzugehen. Der Sierra Club und die Ortschaft Tarrytown stützten ihr Vorgehen auf Bestimmungen des ›Rivers and Harbors Act‹ von 1899. Obwohl dieser keine rechtliche Überprüfung vorsieht, wie dies der ›Federal Power Act‹ tut, stellte das Gericht doch fest, die Kläger seien im Sinn des ›Department of Transportation Act‹, des ›Hudson River Basin Compact Act‹ sowie hinsichtlich einer Vorschrift, aufgrund derer die Planungsbehörde eine Erlaubnis erteilt hatte, beeinträchtigt beziehungsweise beschwert. Alle diese Rechtsgrundlagen enthalten weitreichende Regelungen, in denen die Ressourcen von Umwelt und Erholung sowie die Notwendigkeit, diese zu erhalten, berücksichtigt werden. Unter Hinweis auf die ›Road Review League‹-Entscheidung stellte das Gericht fest, die Kläger seien in gleicher Weise wie die ›beschwerten‹ Streitparteien im Sinn des ›Administration Procedure Act‹ auch hier klagebefugt. In den folgenden weiteren Entscheidungen bejahten die Gerichte die Klagebefugnis auf der Grundlage des ›Administration Procedure Act‹: ›West Virginia Highlands Conservancy ./. Island Creek Coal Co.‹, 441 F. 2d 231 ([4]1971); ›Environmental Defense Fund, lnc. ./. Hardin‹, 428 F. 2d 1093 (C.D. Cir. 1970); ›Allen ./. Hickel‹, 424 F. 2d 944 (D.C. Cir. 1970); ›Brooks ./. Volpe‹, 329 F. Supp. 118 (W.D. Wash. 1971); ›Delaware ./. Pennsylvania N.Y. Cent. Transp. Co.‹, 323 F. Supp. 487 (D. Del. 1971); ›Izaak Walton League of America ./. St. Clair‹, 313 F. Supp. 1312 (D. Minn. 1970); ›Pennsylvania Environmental Council, Inc. ./. Bartlett‹, 315 F. Supp. 238 (M.D. Pa. 1970).

37 ›Sierra Club ./. Hickel‹, 433 F. 2d 24 ([9]1970), Revision zugelassen unter der neuen Parteienbezeichnung ›Sierra Club ./. Morton‹, 401, U.S. 907 (1971) (No. 70–34). Der Sierra Club, eine nichtkommerzielle kalifornische Vereinigung, die sich mit Umweltschutz befasst, machte geltend, sein Interesse an der Erhaltung und sachgerechten Verwaltung von Naturparks werde durch eine Genehmigung des Innenministers gravierend beeinträchtigt, wonach es der Walt-Disney-Corporation gestattet worden war, im Sequoia Nationalforst das Mineral King-Freizeitzentrum zu errichten. Das Gericht war der Auffassung, dem Sierra Club stünde keine Klagebefugnis zu, da es ihm nicht gelungen sei, das

Vorliegen eines unmittelbaren rechtlichen Interesses nachzuweisen. Das Gericht stellte fest, der Sierra Club habe ein solches Interesse nur in dem Sinne dargetan, dass die geplante Handlungsweise eine unerfreuliche Beeinträchtigung seiner Mitglieder darstelle. Das Gericht war bemüht, den ›Scenic Hudson‹-Fall vom vorliegenden Rechtsstreit abzugrenzen mit der Begründung, dort sei der Anspruch des Klägers, die Klage zu erheben, durch die Formulierung des ›Federal Power Act‹ ›beschwerte Partei‹ gestützt worden.

38 Etwa: Gesetz über die Bundesenergiekommission. 16 U.S.C. §§ 791 (a) ff. (1970). Siehe Kap. III, Anm. 34, und dazugehörigen Text S. 41 f.

39 Etwa: Gesetz zur Regelung des Verwaltungsverfahrens. 5 U.S.C. §§ 551 ff. (1970). Die auf 5 U.S.C. § 702 gestützten Entscheidungen sind in Kap. III, Anm. 30, aufgelistet.

40 Etwa: Bundesgesetz über Insektizide, Fungizide und Rodentizide. 7 U.S.C. §§ 135 ss. (1970), § 135 b (d) gewährt jedem, der von einer aufgrund dieses Gesetzes getroffenen Maßnahme ›beeinträchtigt‹ ist, einen Anspruch auf gerichtliche Überprüfung. Siehe ›Environmental Defense Fund, Inc. ./. Hardin‹, 428 F. 2d 1093, 1096 (D.C. Cir. 1970).

41 324 F. Supp. 412 (N.D., M.D. & S.D. Ala. 1970), unter der Parteienbezeichnung ›Bass Anglers Sportsman Society of America, Inc. ./. Koppers Co.‹, 447 F. 2d 1304 (^{5}1971).

42 § 13 des ›Rivers and Harbors Appropriation Act‹ von 1899.

43 33 U.S.C. § 411 (1970) lautet folgendermaßen: »Jede natürliche und juristische Person, die eine Bestimmung der Paragraphen 407, 408 und 409 des Gesetzes verletzt oder wissentlich einer solchen Verletzung Vorschub leistet oder zu ihr beiträgt oder anstiftet, wird mit einer Geldbuße oder mit Haft bestraft [...] Das Gericht kann bestimmen, dass die Hälfte der verhängten Geldbuße an die Person oder die Personen zu zahlen ist, deren Hinweise die Verurteilung ermöglicht haben.«

44 Die Bezeichnung stammt aus dem Lateinischen: »derjenige, der sowohl für den König als auch für sich selbst Klage erhebt«, und bezieht sich auf die Klage, die von einem Bürger sowohl für den Staat als auch für sich selbst erhoben wird.

45 »Jene Vorschriften begründen eine strafrechtliche Verantwortlichkeit, die durch keine zivile Klage geltend gemacht und durchgesetzt werden kann. Strafbestimmungen können nur vom Staat durchgesetzt werden. Eine *qui-tam*-Klage ist nur dort zulässig, wo in einer gesetzlichen Vorschrift ausdrücklich oder schlüssig bestimmt ist, dass aufgrund einer Zivilklage eine Sanktion verhängt werden kann, die keine Strafe im Sinn des Strafrechts ist« (324 F. Supp. 412, 415–416, N. D., M. D. & S. D. Ala. 1970).

Auch weitere von der Bass Anglers Sportsman Society angestrengte *qui-tam*-Klagen sind ähnlich erfolglos geblieben, vgl. ›Bass Anglers Sportsman's Society of America ./. Scholze Tannery‹, 329 F. Supp. 339 (E. D. Tenn. 1971); ›Bass Anglers Sportsman's Society of America ./. United States Plywood-Champion Papers, Inc.‹, 324 F. Supp. 302 (S. D. Tex. 1971).

46 Eine derartige Besorgnis hinsichtlich einer erwarteten Flut von Prozessen, eingeleitet durch Umweltschutzorganisationen, wird in der Auffassung des Richters Trask in der Entscheidung ›Alameda Conservation Association ./. California‹. 437 F. 2d 1087 (9th Cir.) – Revision nicht zugelassen – und in ›Leslie Salt Co. ./. Alameda Conservation Association‹ 402 U. S. 908 (1971) deutlich. Dort wurde einer nicht-gewinnorientierten Vereinigung, deren Anliegen in erster Linie die Wahrung öffentlicher Interessen in der San Francisco Bay war, die Klagebefugnis abgesprochen, als sie eine gerichtliche Verfügung zum Verbot eines Landtauschs erreichen wollte, durch den, wie seitens der Kläger

geltend gemacht wurde, wildlebende Tiere, die Fischgründe sowie die einzigartigen Bedingungen des Wasseraustauschs in der Bay vernichtet würden: »Die Klagebefugnis wird durch das von dieser Vereinigung angestrengte Verfahren nicht schon deshalb begründet, weil eines ihrer Ziele auf den Schutz des Interesses der Allgemeinheit *(public interest)* am Wasser der San Francisco Bay gerichtet ist. Wie gutgesinnt die Absichten der Mitglieder auch sein mögen, so schaffen sie doch durch ihren bloßen Zusammenschluss für sich selbst noch keine der allgemeinen Verwaltung übergeordnete Instanz oder einen offiziellen *parens-patriae*-Status, der sie in die Lage versetzte, die Handlungen der gewählten und ernannten Beamten der staatlichen Regierung zu kontrollieren beziehungsweise in Frage zu stellen. Obwohl neuere Entscheidungen den Begriff der Klagebefugnis beträchtlich erweitert haben, sind wir doch der Auffassung, sie erstreckten sich nicht auf Fälle der vorliegenden Art. [...] Verhielte es sich anders, so könnten die verschiedenen schon bestehenden oder noch zu begründenden Vereine politischer, ökonomischer oder sozialer Ausrichtung verheerende Schwierigkeiten für die staatlichen Verwaltungen auf Bundes- und Landesebene verursachen. Es gibt durchaus anderweitige Gremien, in denen derartige Stimmen und Auffassungen wirkungsvoll zum Ausdruck gebracht werden können; um jedoch eine Klagebefugnis zu begründen und eine ›Rechtsstreitigkeit oder Streitsache‹ *(case or controversy)* vor ein Bundesgericht zu bringen, muss mehr dargelegt werden« (437 F. 2d 1090).

47 In einer Angelegenheit, die bereits abschließend gerichtlich entschieden ist, kann nicht erneut das Gericht angerufen werden (Anm. d. Ü.).

48 Gruppenklage (vgl. H. Koch, Kollektiver Rechtsschutz im Zivilprozess. Die *class action* des US-Rechts und deutsche Reformpro-

bleme. Frankfurt/M. 1976). Ein Kläger zieht stellvertretend für mehrere Kläger vor Gericht. Der ggfs. zugesprochene Schadensersatz wird unter den Geschädigten verteilt (Anm. d. Ü.).

49 Vgl. Kap. III, Anm. 20.

50 Auch hier werden wir von jenem ontologischen Problem verfolgt, das bereits in Kap. I., Anm. 27, erörtert worden ist. Es ist aber leichter festzustellen, ein smoggefährdeter Kiefernbestand ›fordere‹, dass die Smogbelastung – unterstellt, es handele sich dabei um eine rechtlich relevante Größenordnung – unterbunden werde, als andererseits die Behauptung zu wagen, der Berg, der Planet Erde oder der Kosmos mache sich Gedanken darüber, ob die Kiefern stehen bleiben oder fallen sollen. Denn je umfassender die jeweilige betreffende Wesenheit ist, um so weniger sicher können wir hinsichtlich unseres Urteils etwa über die ›Bedürfnisse‹ einer bestimmten Substanz, Qualität oder Spezies innerhalb des Universums sein. Ist es für den Kosmos von Bedeutung, ob wir, die Menschheit, fortbestehen oder nicht? »Himmel und Erde erachten diese Dinge für unbedeutend, gerade so, als handele es sich um Spielzeug aus Stroh« (Lao-Tse, Tao Te King, ins Deutsche übersetzt von Richard Wilhelm, Köln 1978.).

51 Siehe ›Knight ./. United States Land Association‹. 142 U.S. 161, 181 (1891).

52 Der dortige Satz 2 verleiht dem Kongress die Macht, »über das Territorium und die anderweitigen Besitztümer der Vereinigten Staaten zu verfügen, sowie alle erforderlichen Regelungen zu treffen beziehungsweise entsprechende Gesetze zu erlassen«.

53 Siehe ›Flemming ./. Nestor‹, 363 U.S. 603 (1960).

54 Vgl. Leitartikel der L.A. Times vom 12.2.1969, Teil II, S. 8. Sp. 1–2, Water: Public vs. Polluters (Wasser: Öffentlichkeit gegen Umweltsünder), der seine Kritik ausdrückt hinsichtlich »des lächerlichen, von vornherein in den Regionalausschuss für die

Aufsicht über die Wasserqualität (Regional Water Quality Control Board) eingebauten Interessenkonflikts. Von Gesetzes wegen werden fünf der sieben Sitze an Vertreter von industriellen, staatlichen und landwirtschaftlichen Verbrauchern sowie von öffentlichen Versorgungseinrichtungen vergeben. Lediglich ein Vertreter der allgemeinen Öffentlichkeit ist bevollmächtigt, neben einem Delegierten der Fischerei- und Jagdinteressen.«

55 Der ›Federal Refuse Act‹ (Bundesabfallgesetz) ist über siebzig Jahre alt (›Refuse Act‹ von 1899, 33 U.S.C. & 407–1970).

56 Siehe ›Hall Refuse Act‹ of 1899 and the Permit Program, 1 Nat'l Res. Defense Council Newsletter I (1971).

57 Um eine wirksame Abschreckung zu gewährleisten, sollte die Sanktion hoch genug angesetzt sein. um eine Neuorganisation der inneren Unternehmensstruktur herbeizuführen, durch die die Möglichkeit zukünftiger Verstöße auf ein Minimum reduziert würde. Da das Unternehmen sich nicht notwendigerweise wie ein profitmaximierender ›vernünftig wirtschaftender Mensch‹ verhält, gibt es allerdings keinen Anlass anzunehmen, die Zumessung der Geldbuße in Höhe der infolge des Gesetzesverstoßes zu erwartenden Gewinne – aber nicht höher – werde zu einer Beendigung des illegalen Verhaltens führen.

58 ›Udall ./. FPC‹, 387 U.S. 428, 437 n. 6 (1967). Siehe auch Justice Holmes in der Entscheidung ›New Jersey ./. New York‹, 283 U.S. 336, 342 (1931): »Ein Fluss ist mehr als eine bloße Annehmlichkeit, er ist eine wahre Schatztruhe. Er stellt eine Grundvoraussetzung des Lebens überhaupt dar, was von denen, die über ihn verfügen, bedacht werden muss.«

59 Um meine Argumentation zu vereinfachen, verwende ich den Terminus ›Kausalität‹ hier im Sinn des allgemeinen Sprachgebrauchs, das heißt, ich unterstelle, die Verunreinigung sei für die Schäden am Fluss ursächlich. Wie Professor Coase in seinem

Aufsatz »The Problem of Social Cost« In: 3 J. Law & Economy 1 (1960), ausführt, kann man die Verursachung von Schäden auch als wechselseitiges Problem betrachten: im Sinn unseres hier verwendeten Beispiels sähe dies so aus, dass die Papiermühle danach trachtet, den Fluss zu beeinträchtigen, und dass der Fluss – unterstellt, ›er wolle‹ seinen gegenwärtig bestehenden Zustand aufrechterhalten – die Papierfabrik schädigen ›will‹. Coase weist zu Recht darauf hin, dass wir hier – gesetzt den Fall, uns stünden die entsprechenden Daten zur Verfügung – zumindest in der Theorie das alternative Sozialprodukt unterschiedlicher gesellschaftlicher Arrangements miteinander vergleichen sollten, das heißt wir sollten nicht lediglich die vollen Kosten jener Partei auferlegen, die in der allgemein üblichen Sichtweise als der Schadensverursacher identifiziert wird.

60 Ich behaupte hier, eine der Überlegungen, die in die Entscheidung im Sinn einer fehlenden kausalen Nähe eingehen, sei der Wunsch, eine lästige Häufung von Streitfällen mit nur geringfügigen Beeinträchtigungen von vornherein abzuschrecken.

Dies ist dann auch einer der Gründe, die – um auf das Textbeispiel zurückzukommen ein Gericht zu der Aussage veranlassen könne, ein Bürger, der Angelgeräte und Köder verkauft, sei von dem Verunreiniger nicht ›unmittelbar‹ geschädigt. Durch den Gebrauch der ›unmittelbaren Ursache‹ in diesem Sinn können die Gerichte sich einer Flut von Klagen erwehren.

In den Fällen aber, in denen der Vormund ohnehin vor Gericht bereits zugelassen wäre, würden sich derartige Überlegungen nicht mehr in dem Maß durchsetzen, und die Gerichte könnten eher geneigt sein, die Beweisführung hinsichtlich der Schäden zuzulassen, die die mittelbar betroffenen Bürger erlitten haben (wobei die Beweisführung für sich genommen allerdings eine Schwierigkeit eigener Art darstellt).

61 Vgl. Golding, Ethical Issues in Biological Engineering, 15 U.C.L.A.L.D. Rev. 443, 451–63 (1968).

62 Natürlich kann im Beispiel des Urheberrechts und des Patentschutzes die Begründung eines ›Eigentumsrechts‹ unmittelbarer auf anthropozentrische Gründe gestützt werden.
(Anm. d. Verlegers: Genau konträr argumentieren Vertreter der Commons-Bewegungen, wie etwa die US-amerikanische Gemeingüterexpertin Elinor Ostrom oder die kanadische Wasseraktivistin Maude Barlow: Nicht durch eine Verschärfung des Eigentumsrechts, sondern in Form von Commons können die Natur bewahrt und ihren Eigenrechten Genüge getan werden. Dabei ist mitgedacht, dass es für jede Allmende je individuelle, durch Mensch und Ort herausgebildete Regeln zur Pflegnutzung des jeweiligen Gemeinguts gibt; siehe Ostrom 1999 sowie Barlow 2013. An späterer Stelle – siehe Stone 2010, 127 ff. –, argumentiert der Autor in ebendiese Richtung und schlägt die Errichtung eines ›Global Commons Trust Fund‹ vor.)

63 Vgl. Schrag, Life on a Dying Lake, in: R. Meek & J. Straayer (Hrsg.), The Politics of Neglect, 1971, S. 167, 173.

64 Man sollte hier auch beachten, dass die Hauptlast aus diesen Kompromissen aller Wahrscheinlichkeit nach von den Armen zu tragen sein wird, wenn sich der Mindestsatz der staatlichen Sozialhilfe ändert. Ihnen fehlen womöglich die Geldmittel, um aufs Land hinaus zu fahren, und sie benötigen wahrscheinlich ein Wachstum an materiellen Gütern dringender als diejenigen, die derzeit vermögend sind.

65 Am 2.11.1971 verabschiedete der Senat mit einer Stimmenmehrheit von 86 zu 0 die Zusatzbestimmungen von 1971 zum ›Federal Water Pollution Control Act‹ (117 Cong. Rec. S. 17464 – daily ed. 2.11.1971. Die Paragraphen 101 (a) und (a) (1) des Gesetzes erklären es »zur nationalen Politik, in Übereinstimmung mit den Be-

stimmungen dieses Gesetzes (1) die Einleitung verschmutzender Stoffe in schiffbare Wasserläufe bis zum Jahre 1985 zu beenden«, (S. 2770, 92d Cong., 89. 354 F. 2d 608, 624 [^{2}1965]).

(Ergänzung durch den Autor im Januar 1987: Das Jahr 1985 kam und verging, ohne dass die 1971 vom Kongress erhoffte Reinigung des Wassers stattgefunden hätte. Der Kongress hielt jedoch seine ursprüngliche Zielsetzung aufrecht. 1986 bewilligte er 20 Milliarden Dollar zur Unterstützung der Gemeinden beim Bau von Kläranlagen und zur Reinigung der Wasserläufe. Präsident Reagan weigerte sich, diese vom Kongress beschlossene Maßnahme zu unterzeichnen. Durch sein Veto wurde die Angelegenheit mit der Begründung vertagt, sie sei zu kostspielig. Die Antwort des Kongresses im Jahr 1987 bestand darin, dass beide Häuser dasselbe Gesetz, jeweils mit einer überwältigenden Mehrheit, neu beschlossen. Nun, im Januar 1987, rechnet man mit einem erneuten Veto durch Präsident Reagan – für diesen Fall hält man aber die Befürworter des Gesetzes für stark genug, um das Veto umzustoßen. [Vgl. »Clean Water Bill Passed by Senate, buffing Reagan«, New York Times v. 22.1.1987, S. 1, Sp. 6.].)

66 354 F. 2d 608, 24 (^{2}1965).

67 Hier taucht wieder die Frage auf, was wir als geschädigte Wesenheit *(injured entity)* ansehen. Vgl. Kap. I, Anm. 27, und Kap. III, Anm. 44.

68 N. Y. Times vom 14.1.1971, S. 1, Sp. 2 und S. 74, Sp. 7.

69 Die Gerichte haben nicht gezögert, Schäden aufgrund der Zerstörung von Erbstücken, von literarischen Manuskripten oder anderen Eigentumsgegenständen anzuerkennen, die keinen genau festlegbaren Marktwert besitzen. Im Rechtsstreit ›Willard ./. Valley Gas Fuel Co.‹ 171 Cal. 9, 151 Pac. 286 (1915) wurde entschieden, für die fahrlässige Vernichtung eines seltenen, alten Buchs, das von einem Vorfahren des Klägers geschrieben

worden war, entspreche der Schaden einem Betrag, der den Eigentümer für alle Nachteile einschließlich der emotionalen Verluste entschädige, die durch eine solche Zerstörung unmittelbar verursacht worden seien. Das Gericht (171 Cal. 15, 151 Pac. 289) zitierte zustimmend aus der Entscheidung ›Southern Express Co. ./. Owens‹, 146 Ala. 412, 426, 41, S. 752, 755 (1906):

»Dort, wo Eigentumsgegenstände einen nachweisbaren Marktwert besitzen, ist dieser Wert gewöhnlich das Kriterium, anhand dessen durch Zerstörung oder Verlust entstandene Schäden festgesetzt werden können. Es kann sich aber auch so verhalten, dass zerstörtem oder verlorengegangenem Eigentum kein derartiger Marktwert zukommt. In derartigen Fällen, in denen sich möglicherweise kein Maßstab finden lässt, anhand dessen sich mit absoluter Sicherheit eine gerechte Lösung zwischen den Parteien herbeiführen ließe, ist jedoch nicht der Schluss zu ziehen – und dies entspräche auch nicht dem Gesetz –, dass der Kläger vom Gericht lediglich auf den nominalen Wert des Schadens verwiesen wird. Dort, wo das geschädigte Objekt so ungewöhnlich ist, dass ihm kein Marktwert zuerkannt werden kann, muss sein Wert beziehungsweise muss der Schaden des Klägers nach anderweitigen rationalen Methoden festgesetzt werden, und zwar anhand der jeweils verfügbaren Bewertungselemente.«

In ähnlicher Weise sprechen die Gerichte bei Klagen wegen rechtswidriger Tötung Schadensersatz zu, trotz der Unmöglichkeit, die Schadenshöhe in derartigen Fällen exakt zu bestimmen. Im Rechtsstreit ›Lane ./. Hatfield‹ 173 Or. 79, 88–89, 143 P. 2d 230, 234 (1943) bestätigte der Oberste Gerichtshof von Oregon ein Urteil, das zu Gunsten des Vermögensverwalters eines Kinds ergangen war, das durch das Automobil des Beklagten zu Tode gekommen war. Das Gericht erkannte dort die spekulative Natur der Schadensbemessung an:

»Niemand weiß oder kann wissen, wann beziehungsweise ob überhaupt ein siebenjähriges Mädchen seine Mündigkeit erreichen wird, da es sich ja vor dem einundzwanzigsten Lebensjahr verheiraten kann. Im Übrigen besteht eine erhebliche Ungewissheit hinsichtlich der Lebenszeit, die einer Person vergönnt ist. Eine ähnliche Ungewissheit verhindert die Voraussage über die zukünftigen Verdienstmöglichkeiten eines Minderjährigen beziehungsweise dessen Sparverhalten. Krankheit oder ein nicht tödlich verlaufender Unfall können einen andernfalls erfolgreichen und lukrativen Lebenslauf zu einer Belastung und Verpflichtung werden lassen. Es gibt in unserem Recht die Regel, wonach die Höhe des Schadensersatzes, der einem Erben bei rechtswidriger Tötung des von ihm Beerbten zusteht, dem Wert des Lebens des Verstorbenen entspricht. Dabei wird dieser Wert ermittelt, als habe jener kein so vorzeitiges Ende gefunden. Diese Regel ist häufig als vage, unbestimmt oder spekulativ, wenn nicht sogar als auf schierer Vermutung beruhend kritisiert worden. Gleichwohl stellt sie das bestmögliche dar, was juristische Klugheit zu formulieren imstande war.«

70 Es ist nicht leicht, die Vorstellung aufzugeben, ›niederes‹ Leben verfüge über Bewusstsein und Schmerzempfindung; dies gilt insbesondere vor dem Hintergrund, dass es inzwischen schwierig ist festzustellen, was diese Begriffe aussagen, wenn sie auf Menschen angewendet werden (siehe Austin, Other Minds, in: S. Flew [Hrsg.], Logic and Language, 1965, S. 342; A. Schopenhauer, Über den Willen in der Natur, in: ders., Werke in 10 Bänden, Zürcher Ausgabe. Zürich 1968, Band 1). In diesen Zusammenhang gehören auch einige Experimente mit der Empfindungsfähigkeit von Pflanzen – mit unterschiedlichem Ausmaß an Extravaganz, was das dabei verfolgte Anspruchsniveau angeht. Zu ihnen gehören: Lawrence, Plants Have Feelings, Too ... , in: Organic Gardening

& Farming, 64 (April 1971); Woodlief, Royster & Huang, Effect

of Random Noise on Plant Growth, 46 J. Acoustical Soc. Am. 481 (1969); Backster, Evidence of a Primary Perception in Plant Life, 10 Int'l J. Parapsychology 250 (1968).

71 Vgl. Kap. III, Anm. 10, sowie Coase (Kap. III, Anm. 59).

72 Siehe Fed. R. Civ. P. 23 sowie Kap. III, Anm. 24.

73 Dies ist natürlich ein Ideal – wie das Ideal, kein Mensch solle einen anderen Menschen beeinträchtigen. (Siehe Dyke, Freedom, Consent and the Cost of Interaction, und Stone, Comment, in: E. Rostow [Hrsg.], ls Law Dead?, 1971, S. 134–67.) Einige Schäden werden unweigerlich auf ein *damnum absque injuria* hinauslaufen. Siehe Kap. III, Anm. 70.

74 Die Zwangsläufigkeit einer gewissen Form der Evolution bedeutet keinen Widerspruch zur Etablierung eines Rechtssystems, das den Versuch unternähme, in diesen Prozess einzugreifen beziehungsweise ihn günstig zu beeinflussen: Gilt nicht dasselbe für das menschliche Recht, das wir zur Zeit haben, zum Beispiel für die Gesetze, die den Mord verbieten?

75 Vgl. Stone, Trees Revisited, 1985, S. 122, wo er Beispiele anführt.

76 Holmes, Early Forms of Liability, in: ders., The Common Law, 1881, erörtert die Verantwortlichkeit von Tieren und unbeseelten Dingen im frühgriechischen und frühen römischen Recht. Zum Beispiel sahen die Gesetze Alfreds (871–901 n. Chr.) vor, dass ein Baum, durch den ein Mensch getötet wurde, »der Sippe anheimgegeben werden [solle], auf dass sie ihn binnen dreißig Nächten vom Lande hinwegnähmen«, ebd., S. 19. Zu Zeiten Edwards I. wurde der Baum, von dem ein Mensch herabgestürzt war, zum Deodant (das heißt, er fiel der Krone zu, Anm. d. Ü.), ebd., S. 24. Vielleicht ist die Haftung der nichtmenschlichen Materie in der Geschichte der Dinge Teil einer paranoiden, defensiven Phase in der Entwicklung des Menschen. Mit wachsendem Wohlstand –

und zwar sowohl hinsichtlich des materiellen Reichtums als auch der inneren Entwicklung – ist die Menschheit vielleicht gewillt, einen Fortschritt hin zu jenem Entwicklungsstadium zuzulassen, in dem auch die nicht-menschliche Materie Rechte innehat.

77 Siehe Kap. I, Anm. 27. Wenn eine Person ihr Haus hart am Rand eines schon oft über seine Ufer getretenen Flusses errichtete, wäre dann das Argument zu Gunsten des Flusses geltend zu machen, hier liege der Fall einer ›Herausforderung des Risikos‹ *(assumption of the risk)* vor?

78 Vgl. ›Dixon ./. Alabama State Bd. of Educ.‹, 294 F. 2d 150 (5th Cir.) – die Revision wurde nicht zugelassen –, 368 U. S. 930 (1961); Kommentar: Private Government on the Campus – Judicial Review of University Expulsions, 72 Yale L. J. 1362 (1963) (ohne Nennung des studentischen Kommentators, Anm. d. Ü.).

79 Wörtl.: ›Schaden ohne Unrecht‹ Gemeint sind Schäden, die jemand erleidet, ohne dass eine vorwerfbare, das heißt rechtswidrige und schuldhafte Handlung zugrunde läge (Anm. d. Ü.).

80 ›National Environmental Policy Act‹, 91 U. S. C. § 4332 (1970).

81 Vgl. ›Committee for the Nuclear Responsibility Inc. ./. Schlesinger‹, 40 U. S. L. W. 3214 (5.11.1971). Dort auch die abweichende Meinung von Richter Douglas zur Ablehnung eines Antrags auf Erlass einer einstweiligen Verfügung im Verfahren zur Klärung der Zuständigkeit des Gerichts.

82 Im US-Recht hat das ***board of directors*** sowohl die Funktionen des Aufsichtsrats als auch des Vorstands inne; man könnte daher, in Anlehnung an Romain (Wörterbuch der Rechts- und Wirtschaftssprache, E–D, München 1983) mit ›Verwaltungsrat‹ übersetzen, den es so im deutschen Recht nicht gibt (Anm. d. Ü.).

83 42 U. S. C. § 4342 (1970).

84 Als ein Hinweis darauf, zu welchem Verhalten das untere Management mitunter fähig sein kann, vgl. Ehrenreich & Ehrenreich,

Conscience of a Steel Worker, in: 213, The Nation 1971, S. 268. Das »wesentliche Zugeständnis« eines Stahlkonzerns im Sinn einer Befolgung des ›Refuse Act‹ von 1899 (vgl. Kap. III, Anm. 49) »bestand darin, die Arbeiter anzuweisen, das Ablassen von Öl auf die Nachtschicht zu beschränken. ›Tagsüber patrouillierte die Küstenwache. Des Nachts aber ist das Wasser schwarz und das Öl auch; dann weiß niemand genau, was passiert.‹« (Ein wirksames Unternehmensrecht würde sicherstellen, dass die unternehmensinternen Informationskanäle in der Lage wären, derartige Vorgänge unweigerlich den höherrangigen Vertretern des Unternehmens zur Kenntnis zu bringen. Aber auch dadurch ist keine Garantie gegeben, dass das Gesetz wirklich befolgt wird – vielleicht hätten wir aber die Voraussetzungen hierfür verbessert.

85 Im Fall des Eriesees waren – dies in Ergänzung zu den im Text folgenden Überlegungen – möglicherweise noch andere Faktoren im Spiel: etwa derjenige, dass kein einzelner Verunreiniger als Verursacher von irreparablen Schäden identifiziert werden konnte.

86 Siehe beispielsweise die Rechtsauffassung von Richter Reed, der in der Entscheidung ›Kovacs ./. Cooper‹, 336 U.S. 77 (1949) die Meinung des Gerichts wiedergab. Vgl. aber das im Ergebnis übereinstimmende Sondervotum von Richter Frankfurter (336 U.S. S. 89–96) und die Entscheidung ›United States ./. Carolene Products‹, 304, U.S. 144, 152 n. 4 (1938).

87 Ich bitte zu beachten, dass ich mich in der nachfolgenden Erörterung nicht auf die Wahlberechtigung an sich, sondern auf die Verteilung der Abgeordnetenzahl auf die einzelnen Bundesstaaten beziehe.

88 In der Tat gibt es keinen Grund anzunehmen, ein Zuwachs an Kongressabgeordneten für Alaska müsste der Umwelt Vorteile bringen; die Realitäten der gegenwärtigen politischen Situation

könnten mit dem gleichen Grad an Wahrscheinlichkeit dazu führen, dass noch mehr Kongressabgeordnete mit noch engeren Beziehungen zu den Ölkonzernen oder anderen Erschließungsfirmen gewählt würden.

89 Siehe Simpson, The Analysis of Legal Concepts, 80 Law Q. Rev. 535 (1964).

90 Krier, Environmental Litigation and the Burden of Proof, in: M. Baldwin u. J. Page (Hrsg.), Law and the Environment, 1970, S. 105; vgl. auch ›Texas East Trans. Corp. ./. Wildlife Preserves‹, 48 N. J. 261, 225 A. 2d 130 (1966): Dort widersetzte sich ein Verein, der sich mit der Erhaltung von Wildreservaten befasste, der Zwangsenteignung wegen eines Pipeline-Baus des Klägers. Das Gericht entschied: »Das Ausmaß an Beweisen, die dieser Beklagte beibringen muss, um die ihm widerfahrene Willkür zu belegen, wird nicht so hoch anzusetzen sein wie der Beweis, den der gewöhnliche Grundstückseigentümer erbringen muss, der sein Land zu herkömmlichen Zwecken verwendet« (225 A. 2d S. 137).

91 Siehe Stone, Existential Humanism and the Law, in: T. Greening (Hrsg.), Existential Humanistic Psychology. 1971, S. 151.

92 Gegenüber der hier betonten Bedeutung der ›Rechte‹ der Umwelt beziehungsweise derer einzelner Naturobjekte rekurriert der Verfasser im Zusammenhang mit der Erörterung der zugrunde liegenden allgemeinen Fragen der Ethik in »Trees Revisited« (1985) stärker auf die Hervorhebung der Pflichten des Menschen gegenüber der Umwelt, da dies dem Verständnis der Umwelt, etwa unserer Haltung einzelnen Tierarten gegenüber, eher entspreche (Stone, a. a. O., S. 130) (Anm. d. Ü.).

IV Die psychischen und sozialpsychologischen Aspekte

1 ›National Environmental Policy Act‹, 42 U.S.C. §§ 4321–47 (1970).

2 Vgl. Kap. III., Anm. 40.

118 3 W. Holdsworth, History of English Law, ^{5}1931, S. 45.

4 Man beachte, dass es in nicht geringem Maß das Recht ist, das Geschäftsleute zu dieser Art Ausdrucksweise nötigt. Vgl. ›Dodge./. Ford Motor Co.‹, 204 Mich. 459, 499–505 N.W. 668, 682–83 (1919): Das Gericht war dort der Auffassung, Henry Ford, der Inhaber der Aktienmehrheit bei der Ford Motor Co., dürfe keine Dividenden zurückhalten in dem Interesse, das Unternehmen wie eine »Quasi-Wohltätigkeitsveranstaltung und nicht als gewerbliche Einrichtung zu führen«.

5 I. Kant, Metaphysik der Sitten, Teil 1, Rechtslehre, in: ders., Werke in 12 Bänden, hrsg. v. W. Weischedel, Frankfurt/M. 1968, Bd. VIII.

6 Ebd.

7 Engel, Reasons, Morals and Philosophic lrony, in: ders., Language and Illumination, 1969, S. 60.

8 L. Wittgenstein, Tractatus logico-philosophicus. Zweisprachige Ausgabe in Deutsch und Englisch, London 1922, Satz 6.421: »Es ist klar, dass sich Ethik nicht aussprechen lässt«; Satz 6.522: »Es gibt allerdings Unaussprechliches«.

9 Cousteau, The Oceans: No Time to Loose, in: L.A. Times vom 24.10.1971, S. 1, Sp. 4.

10 Siehe J. Harte u. R. Socolov, Patient Earth. 1971.

11 McHarg, Values, Process and Form, in: ders., The Fitness of Man's Environment. 1968, S. 213–214.

12 Siehe Murphy, a. a. O. , S. 477 (Kap. I, Anm. 28).

13 Andererseits ist diese im Text getroffene Aussage, wie auch die vorher zitierte von Professor Murphy, vielleicht zu eng. Genausogut könnte man behaupten, das Christentum habe, angesichts der von bekennenden Christen häufig in seinem Namen begangenen Morde, keinerlei Einfluss auf das äußere Verhalten der Menschen genommen. Nach all dem, was mir bekannt ist, hat aber Feng-

Shui die Entwicklung des Lands in China sehr wohl beeinflusst. Siehe Freedman, Geomancy, in: Proceedings of the Royal Anthropological lnstitute of Great Britain and Ireland, 1968, S. 5; March, An Appreciation of Chinese Geomancy, 27 J. Asian Studies, 253 (1968).

14 Das Rechtssystem tut sein Bestes, um die Illusion von der Wirklichkeit des Individuums aufrechtzuerhalten. Man bedenke beispielsweise, wie viele verfassungsrechtliche Verfahren, die jeweils im Namen von gerade verfügbaren Individuen geführt wurden, im Grund für einen Machtkampf zwischen Institutionen stehen: die NAACP (National Association for the Advancement of Coloured People, etwa: Nationale Vereinigung zur Förderung der farbigen Bevölkerung, Anm.d.Ü.) gegen eine Schulaufsichtsbehörde, die katholische Kirche gegen eine Schulaufsichtsbehörde, die ACLU (American Civil Liberty's Union, etwa: Amerikanische Union für Bürgerfreiheit, Anm.d.Ü.) gegen die Armee und so weiter. Sind die individuellen Kläger die wirklichen Urheber dieser Rechtsstreitigkeiten – oder spielen sie nur eine Nebenrolle? Wenn wir aber (an)erkennen, dass unsere Probleme zunehmend institutioneller Natur sind, dann sollten wir auch sehen, dass die Lösung – wenn es überhaupt eine solche gibt – die Auseinandersetzung darüber enthalten muss, wie die jeweilige – im weitesten Sinn – ›als juristische Person organisierte‹ Wesenheit geführt wird; weiterhin müssen wir unsere Auffassungen vom ›Eigentum‹ in der Weise ändern, wie dies für die erfolgreiche Kontrolle von derartigen Organisationen nötig wäre. Anstelle der ineffektiven strafrechtlichen Geldbußen, die jeweils nach der Tat verhängt werden, sollten wir mehr präventive Kontrollen vor Ort durchführen, trotz der zu erwartenden Proteste gegen das ›Eindringen in die Privatsphäre (des Unternehmens)‹. Derartige Inspektionen von Produktionsanlagen und entsprechende Berichte sind in ei-

nem engen Rahmen einzelner Sachgebiete zulässig, wie etwa auf Bundesebene im Bereich des ›Federal Food, Drug, and Cosmetic Act‹, 21 U.S.C. § 374 ff. (1970) und der Vorschriften über die Fleischbeschau, 21 U.S.C. § 608 (1970). In vergleichbaren Situationen warten wir im Geltungsbereich örtlicher Bauvorschriften nicht den Einsturz eines Gebäudes ab, bevor amtliche Stellen die beim Bau verwendeten Materialien und Verfahren überprüfen. Es ist dort üblich, dass die zuständigen Inspektoren in jedem kritischen Bauabschnitt vor Ort auftauchen und den Fortgang der Bauarbeiten kontrollieren. Ein sensibles, präventiv arbeitendes Rechtssystem erfordert die Erweiterung des Kreises jener Industrien, die durch vergleichbare, ›die Privatsphäre antastende‹ Inspektionssysteme kontrolliert werden.

15 G. W. F. Hegel, Grundlinien der Philosophie des Rechts, Werke Bd. 7, Frankfurt/M. 1970, § 44, S. 106.

16 Carson McCullers, Sämtliche Erzählungen. Aus dem Amerikanischen von Elisabeth Schnack, Zürich 1970, S. 41 f.

17 Man beachte, was Schopenhauer über die Frauen geschrieben hat, etwa zur gleichen Zeit, als der Oberste Gerichtshof von Wisconsin sich darüber ausließ, weshalb Frauen nicht in der Lage seien, den Beruf der Juristin auszuüben (vgl. Kap. I, Anm. 23): »Schon der Anblick der weiblichen Gestalt lehrt, dass das Weib weder zu großen geistigen, noch körperlichen Arbeiten bestimmt ist. Es trägt die Schuld des Lebens nicht durch Thun, sondern durch Leiden ab, durch die Wehen der Geburt, die Sorgfalt für das Kind, die Unterwürfigkeit unter den Mann, dem es eine geduldige und aufheiternde Gefährtin seyn soll. Die heftigsten Leiden, Freuden und Kraftäußerungen sind ihm nicht beschieden; sondern sein Leben soll stiller, unbedeutsamer und gelinder dahinfließen, als das des Mannes, ohne wesentlich glücklicher, oder unglücklicher zu seyn. Zu Pflegerinnen und Erzieherinnen unserer ersten Kindheit eignen die Weiber sich gerade dadurch, dass sie selbst kindisch, läppisch und kurzsichtig, mit einem Worte, Zeit Lebens große Kinder sind: eine Art Mittelstufe, zwischen dem Kinde und dem Manne, als welcher der eigentliche Mensch ist. [...] So viele Nachtheile dies zwar mit sich führt, so hat es doch das Gute, dass das Weib mehr in der Gegenwart aufgeht, als wir, und daher diese, wenn sie nur erträglich ist, besser genießt, woraus die dem Weibe eigenthümliche Heiterkeit hervorgeht, welche sie zur Erholung, erforderlichen Falles zum Troste des sorgenbelasteten Mannes eignet. [...] Demgemäß wird man als den Grundfehler des weiblichen Charakters Ungerechtigkeit finden. Er entsteht zunächst aus dem dargelegten Mangel an Vernünftigkeit und Überlegung, wird zudem aber noch dadurch unterstützt, dass sie, als die schwächeren, von der Natur nicht auf die Kraft, sondern auf die List angewiesen sind: daher ihre instinktartige Verschlagenheit und ihr untilgbarer Hang zum Lügen. Denn, wie den Löwen mit Klauen und Gebiß, den Elefanten mit Stoßzähnen, den Eber mit Hauern, den Stier mit Hörnern und die Sepia mit wassertrübender Tinte, so hat die Natur das Weib mit Verstellungskunst ausgerüstet, zu seinem Schutz und Wehr, und hat alle die Kraft, die sie dem Manne als körperliche Kraft und Vernunft verlieh, dem Weibe in Gestalt jener Gabe zugewendet. Die Verstellung ist ihm daher angeboren, deshalb auch fast so sehr dem dummen, wie dem klugen Weibe eigen.« (Arthur Schopenhauer, Über die Weiber, in: Parerga und Paralipomena. Kleinere philosophische Schriften, in: ders., Werke in 10 Bänden, Zürcher Ausgabe, Zürich 1968, Band 10, S. 668, 670 f.).

Wenn heutzutage ein Mann derartigen Unsinn schriebe, käme er in den Verdacht der emotionalen und moralischen Blindheit. – Wird die Zukunft uns anders beurteilen, uns, die wir unserem Bedürfnis, die Natur wie ein gefühlloses Objekt zu behandeln, eher nachgeben, als dass wir diese Neigungen untersuchten? – Wenn ein kleines Atoll in die Luft gejagt wird, um herauszubekommen, ob eine Atombombe funktioniert?

18 Natürlich warten wir auf die Zeit, in der es entbehrlich wird, derartige Regungen gesetzlich vorschreiben zu müssen.

19 Purpose of Legislation in H.R. Rep. No. 91–1651, 91st Cong., 2d Sess., zum ›[Animal] Welfare Act‹ of 1970, 3 U.S. Code Cong. & Admin. News 5103, 5104 (1970). Einige Schriftsetzer bei der West Publishing Co. waren hierauf wohl noch nicht so recht vorbereitet; sie druckten den Titel wie folgt: ›Annual Welfare Act of 1970‹.

20 Vgl. McCall's, Mai 1971, S. 44.

21 ›Environmental Defense Fund./. Hardin‹, 428 F. 2d 1093, 1096 (D.C. Cir. 1970). Die Kläger scheinen insofern darauf gedrungen zu haben, eine weitergehende Auslegung als die bloße Wortbedeutung der Vorschrift 7 U.S.C. § 135(z) (2) (d) (1970) zur Geltung zu bringen, die sich auf »lebende Menschen und andere der Gattung der Wirbeltiere angehörige Lebewesen, sowie auf Pflanzen und auf nützliche wirbellose Tiere« bezieht. Dem EDF hatten sich die National Audubon Society, der Sierra Club und das West Michigan Environmental Action Council angeschlossen, 428 F. 2d, S. 1094–95, Fn. 5.

22 In den Fällen der Verleihung von Rechten an andere Menschen hilft diese Handlung den so Bedachten, neue persönliche Möglichkeiten und Dimensionen – neue Würde – in sich zu entdecken. Ich möchte allerdings die Aussichten, diese Wirkungen könnten im Fall der Verleihung von Rechten an die Umwelt Bedeutung erlangen, nicht überstrapazieren. Andererseits möchte ich diesen Punkt aber auch nicht ganz außer Acht lassen. Wie kommen wir alles in allem zu der Beurteilung, ob ein Mensch ›in neuem Stolz und neuer Würde aufblüht‹? Was wir unter einer derartigen Feststellung verstehen, was die Anhaltspunkte sind, die uns zu einer

solchen Aussage bewegen, ist beides von recht komplexer Natur (Vgl. dazu Austin in Kap. III, Anm. 64). Ein Baum, der auf angemessene, ›gerechte‹ Weise behandelt wurde, wird auf eine Art reagieren, die, beschriebe man sie, sehr ähnlich aussähe wie die Reaktion eines Menschen, dem eine ›neue Würde‹ gegeben wurde (Vgl. auch Kap. III, Anm. 64).

23 D. Rudhyar, Directions for New Life. 1971, S. 21ff.

24 Siehe Kap. III, Anm. 82.

25 Nach dem Urteil abgedruckte abweichende Meinung eines Richters, der von den übrigen Richtern überstimmt wurde, Anm. d. Ü.

26 ›San Antonio Conservation Society ./. Texas Highway Department‹, Revision nicht zugelassen, 400 U.S. 968 (1970), (mit abweichender Meinung des Richters Black zur Nichtzulassung der Revision).

27 Ebd., S. 969.

28 Ebd., S. 971.

Weiterführende Literatur

Abram, David: Im Bann der sinnlichen Natur. Die Kunst der Wahrnehmung und die mehr-als-menschliche Welt, Klein Jasedow 2012

Acosta, Alberto: Eine Verfassung für das ›gute Leben‹. Umwelt aktuell 4/2010, 6 f.

Amery, Carl: Umweltschutz und Politik. In: Weizsäcker, Ernst v. (Hrsg.), Humanökologie und Umweltschutz, Stuttgart 1972, S. 80 ff.

Bosselmann, Klaus: Die Natur im Umweltrecht. Plädoyer für ein ökologisches Umweltrecht. In: Natur und Recht 9/1987, S. 1–6

— Im Namen der Natur. Der Weg zum ökologischen Rechtsstaat, München 1995

Blume, Hanfried: Robbenklage. Eigenrechte der Natur. Mit Illustrationen von Frida Knapp, Huy-Neinstedt und München 2004

Cullinan, Cormac: Wild Law. A Manifesto for Earth Justice, Kapstadt 2002

Donaldson, Sue und Will Kymlicka: Zoopolis. Eine politische Theorie der Tierrechte, Berlin 2013

Eidgenössische Ethikkommission für die Biotechnologie im Ausserhumanbereich (Hrsg.): Die Würde der Kreatur bei Pflanzen. Die moralische Berücksichtigung von Pflanzen um ihrer selbst willen. Bern 2008.

Gudynas, Eduardo: Politische Ökologie. Natur in den Verfassungen von Bolivien und Ecuador. In: juridikum 4/2009, S. 214–218

Latour, Bruno: Das Parlament der Dinge. Für eine politische Ökologie, Frankfurt/M. 2001

Meyer-Abich, Klaus Michael: Wege zum Frieden mit der Natur, München und Wien 1984

— Aufstand für die Natur. Von der Umwelt zur Mitwelt, München 1990

Ostrom, Elinor: Die Verfassung der Allmende: Jenseits von Staat und Markt, Tübingen 1999

Stone, Christopher D.: Should Trees Have Standing? Toward Legal Rights for Natural Objects. Southern California Law Review 45/1972, S. 450–487

— Should Trees have Standing? Revisited: How Far will Law and Morals Reach? A Pluralist Perspective. In: Southern California Law Review 1985, S. 1–154

— Should Trees have Standing? Law Morality, and the Environment, New York 2010

Weizsäcker, Richard von, Der Rang der Umwelt und Natur im Gefüge unserer Wertordnung. in: Bulletin. Presse-und Infomationsamt der Bundesregierung. 1986, H. 22, S. 1025–1029

Wise, Steven M.: Rattling the Cage: Toward Legal Rights for Animals, Cambridge, MA 2000

— An American Trilogy. Death, Slavery and Dominion Along the Banks of the Cape Fear River, Cambridge, MA 2009

Weiterführende Websites

www.endecocide.eu
www.globalecointegrity.net
www.natural-justice.blogspot.de
www.nonhumanrights.org
www.therightsofnature.org
www.tierrechte.de
www.wildlawuk.org

- Eine leidenschaftliche Streitschrift wider den Rassismus und Kolonialismus in unseren Köpfen
- Nur wer subtile Gewalt erkennt, kann sie überwinden
- Eine wichtige Stimme in der Debatte um Integration

Die abendländische Gesellschaft betrachtet sich gerne als frei, aufgeklärt und gerecht. Tatsächlich basiert sie jedoch auf struktureller Gewalt. Ihre vielgerühmte Freiheit ist eine Freiheit der Angepassten. Diese Tiefenkritik der unsichtbaren Tropenhelme, unter denen wir bis heute kolonialistisches Denken zelebrieren, zeigt die Ursprünge von Konkurrenz und Rassismus und eröffnet Perspektiven auf unser aller Emanzipation.

Der unsichtbare Tropenhelm
Friederike Habermann

112 Seiten, Broschur
ISBN 978-3927369-75-7

thinkOya
Am See 1
17440 Klein Jasedow
Telefon +49 (03 83 74) 7 52 24
Fax +49 (03 83 74) 7 52 23
info@think-oya.de
www.think-oya.de

Johannes Heimrath

DIE COMMONIE

Versuchsanordnung für eine Post-Kollaps-Gesellschaft des guten Lebens

Mit einem Vorwort von Silke Helfrich
ca. 200 Seiten, Klappenbroschur
ISBN 978-3927369-73-3

thinkOya
Telefon +49 (03 83 74) 7 52 24
info@think-oya.de
www.think-oya.de

thinkoya

Die ›Commonie‹ ist das Modell einer nachhaltigen und egalitären Allmende-Gesellschaft, die sich radikal von unseren gegenwärtigen Waren- und Konsumgesellschaften unterscheidet: Die Commonie basiert auf der Ökonomie der Gabe, auf Konsensentscheidungen und auf dem symbiotischen Miteinander des Menschen und seiner Mitwelt. Johannes Heimrath entwirft eine ermutigende und ganz und gar bodenständige Vision für eine enkeltaugliche Gesellschaft, in der die Fülle des Lebens als Ganze im Mittelpunkt steht. Dabei betont er: Es gibt keine Patentrezepte – Commonien sind so individuell organisiert, wie ihre Menschen und Orte eigenartig sind. Und: Commonien sind keine ferne Utopie – es gibt sie bereits heute.